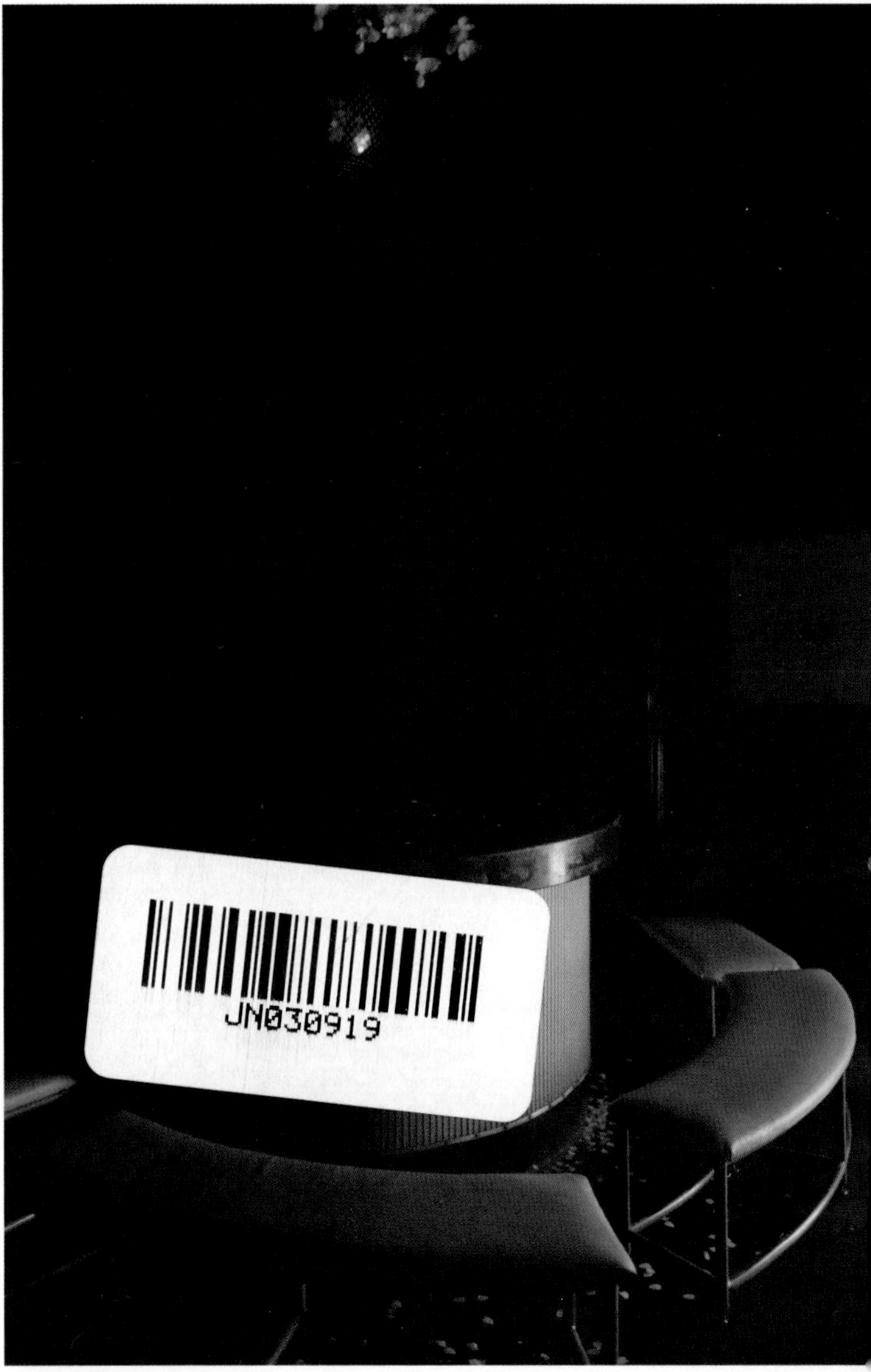

開演前の諏訪フランス座。ステージと客席

横浜黄金劇場の入り口

横浜黄金劇場の看板

仕事道具を手入れする花電車芸人ファイヤーヨーコ

ファイヤーヨーコが性器から火を噴く

ヨーコの芸はバンコクで喝采を浴びた

ストリッパー卯月朱美のステージ

花電車芸人

色街を彩った女たち

八木澤高明

角川新書

まえがき

まずは、女性器から火を噴く女の話からはじめてみたい。

その女の名前は、ファイヤーヨーコ。花電車芸を生業《なりわい》とするストリッパーである。

その昔、口から火を噴くザ・シークというプロレスラーがいたが、ヨーコの場合はストリップ劇場を主戦場として、己の股《また》の前に置いたアルコールランプに向けて、女性器から粉塵《ふんじん》を吹きつけ、炎を噴き上げる。このような芸をこなせる芸人は、ヨーコ以外に存在しない。

彼女は、日本だけでなく異国のストリップ劇場に乗り込み、そこで花電車の道場破りを敢行したりもしている。火を噴く以外にも様々な芸を持つヨーコについては、第一章を彼女ひとりに割いて取り上げた。

さて、そもそも書名に冠した花電車とは、花電車芸とはいったい何なのか？

その呼び名は、どことなく古めかしさを感じさせ、風流すら覚える。花電車とは、祝典などで利用された路面電車の中でも、花などで飾られた、客を乗せなかった電車を指す。本来の目的では使われない電車である。そこから転じて、女性器を晒《さら》し、様々な芸に性器を使うものの、セックスのためではなく芸に利用することから、花電車芸という名がついた。

いま、花電車芸が行われているのは、ファイヤーヨーコをストリッパーと紹介したことからもわかるように、ストリップ劇場である。

ストリップ劇場は、長らくセックスではなく裸体や女性器を見せることを芸として成立してきたが、昭和五十年代から平成の初めにかけての時代は、外国人の踊り子を使い、セックスを売り物にしてきた。「それでは、花電車という呼称はもはやミスマッチではないか」という思いを持つ人もいるだろう。にもかかわらず、花電車という言葉が未《いま》だに使われているのは、花電車はストリップ劇場ではなく、遊廓《ゆうかく》で生まれたものだからだ。

昭和三十三年に売春防止法が施行されるまで、日本各地には遊廓が存在した。戦前の遊廓では、娼妓《しょうぎ》たちは客を前に、座敷芸として女性器を使って習字をしたり、バナナを切ったりしていた。娼妓とは娼婦である。それゆえ、彼女たちに最も求められたのは芸ではなく、体を売ることだった。座敷芸は余技だったのだ。このように、遊廓の本筋とは外れたところで培われた芸だからこそ、花電車芸と呼ばれた。

遊廓が廃止されると、職を失った娼妓の中にはストリップ劇場に流れる者もおり、花電車を披露する者がいた。これが、花電車芸がストリップ劇場で演じられることになった大筋の流れである。

花電車芸が演じられている日本各地のストリップ劇場を私は巡ってきたが、そこで出会ったのは、普段の生活では見かけない人間ばかりだった。

アルコール依存症で入院中のタコちゃんは、いつもこっそりと病院を抜け出して、黄金《こがね》劇場へ通い、客席で缶チューハイを飲んでいた。

かつては日本全国のストリップ劇場に踊り子を手配し、ストリップの帝王と呼ばれた元銀行員の瀧口義弘《たきぐちよしひろ》は、絶頂期は月収約二億円のほとんどをギャンブルに注ぎ込んでいたほど稼いでいた。ところが、ストリップ業界引退後に余命の計算を間違え、私が出会った頃は生活保護を受けるほどに凋落《ちょうらく》していた。

母親が踊り子で、幼い頃に楽屋で過ごしたこともある〝たこやき〟と呼ばれていた男性は、寿司《すし》職人を経て劇場の従業員となる。彼は暴飲暴食から失明してしまうのだが、月に一度は劇場に足を運んでいた。

埼玉県のある劇場で出会った従業員の星《ほし》さんは、ある日家庭を捨てて蒸発してしまったのだという。私が出会った頃には、彼が従業員となってすでに三十年以上が過ぎていた。

正に、アウトサイダーのゆりかごとも言えるのがストリップ劇場だった。ところが、彼らと出会った劇場は、私が取材をしてから数年も経たないうちに潰《つぶ》れていった。かつて、日本の歓楽街や温泉場などに三百軒はあったというストリップ劇場は、今では二十軒ほどになってしまっている。

ストリップは、言わずとも知られているように非合法的なものだ。そのため、摘発によって消えてしまった劇場も少なくないが、それ以上に景気後退、少子高齢化、エロの多様化などのあおりを受け、ストリップ劇場の灯《あか》りは次々と消えていった。

そもそも私がストリップ劇場に興味を持ったのは、横浜の一大売春街だった黄金町を取材した時に、今にも潰れそうな黄金劇場の姿を目にしたことにある。非合法とか合法とかを論じる以前に、すでに社会から忘れさられているような印象を受けたのだ。言ってみれば、日本の性文化において、すでにその役割を終えているように思えた。それゆえに、その歴史が消滅する前にと、急いで私は取材に取り掛かった。

ストリップ劇場で、踊り子や従業員、客などを取材しているうちに出会ったのが花電車芸人だった。

現在、花電車芸だけをメインにストリップ劇場を回り、それだけで生活をしている踊り子は存在しない。ストリップ劇場以上に、花電車芸の存在は危機的な状況にあると言ってよい。私たちは、花電車芸の最後の目撃者となってしまうかもしれないのだ。

本書では、絶滅危惧種《きぐしゅ》といえる花電車芸人の紹介はもとより、花電車の歴史をできる限り考察したが、それだけでなく、花電車以外の踊り子にも光を当てている。

首吊《つ》り芸を披露する性同一性障害を持つストリッパー暁《あかつき》光《ひかる》。ベトナムの戦場で米兵を前にダンスを披露した元ストリッパー。ストリップを骨の髄まで愛し、妊娠中もステージに立っていたストリッパーなど、芸能という括《くく》りからは外れた、一癖も二癖もあり、最も異端で先鋭的な人々である。彼女たちは花電車芸人ではないが、その異端の芸は、花電車という特殊な芸をする踊り子と相通ずるものを感じたため、取り上げさせてもらった。

彼女たち、花電車芸人やストリッパーの芸がテレビに映されることは、もはやないだろう。彼女たちの芸が、伝統芸能として称賛され、国から保護されることも決してないだろう。しかし、その芸は、世の中の片隅で人々の心を確かにとらえ続けてきたのだ。

私が記したのは、正史では触れられない、そのような庶民の芸の歴史と芸人の姿である。

目次

第一章　生ける伝説、ファイヤーヨーコ

変わらぬ芸を披露し続けるストリッパー

大阪天神橋筋《てんじんばしすじ》商店街の入り口についたのは、夕暮れ時のことだった。庶民の台所ということもあって、自転車と人が行き交い、人波の途切れることはない。ところが、商店街の喧騒《けんそう》とは裏腹に、ストリップ劇場のある裏通りは、仕事帰りのサラリーマンが足早に歩くだけで、あまり活気は感じられない。ひとりぐらい、そっと劇場に入ってもよさそうだが、誰も背を丸めて歩くだけで、足を向ける者はいない。

劇場の存在には気がついているのだろうが、目を向けようともしない男たち。しかし、ハンチング帽を被《かぶ》って劇場の入り口に立つ男は、彼らに絶えず声を掛けている。

「ちょっと寄っていきませんか？」「今なら三千円ですよ」

日が暮れかかった通りに響くその声は、商店街の八百屋や魚屋が発するような威勢の良い声ではなく、私が立っていた劇場とは反対側の路地の端からだと、ほとんど聞き取れない弱々しいものだった。その声音そのものが、日本から次々と姿を消しているストリップ劇場の現状を物語っているような気がした。

劇場の名前は、ナニワミュージック。私が訪ねた時点で、劇場には五十年以上の歴史があった。

日本には、かつて全国の隅から隅までに三百軒の劇場があったという。ところが、年々その数は減っており、今では二十軒に満たない劇場しか残っていない。都心にあり、常に観光客を呼び込める劇場以外は、いつまで存続できるのだろうか。地方で営業する劇場の経営は、風前の灯火《ともしび》といっていいだろう。ストリップ興行の母体である劇場ですらそのような状態のため、ストリッパーの数も、当然ながら減っている。

ストリップ業界は、常に低空飛行を続けてきたわけではない。ストリップは戦後まもなく、新宿《しんじゅく》で産声を上げた。はじめはストリッパーは動かない、ポーズを取ったまま上半身のヌードを見せる額縁ショーだった。それでも、戦後の解放感に浸った、娯楽に飢えた男たちはストリップ劇場に長蛇の列をつくった。

そのうちにショーは過激化していき、性器を見せるようになる。それも当たり前のようになると、劇場の経営者やストリッパーたちは、次から次へと新たなショーを生み出していった。ステージ上でSMを披露したり、ポニーや犬と交わる獣姦《じゅうかん》ショーを催したり、果てはじゃんけんでストリッパーに勝った客とステージでセックスをする、本番まな板ショーまで行われるようになった。ストリップ劇場は、女を買うことができる売春施設そのものといってよい状況になっていったのだ。

二〇〇〇年代に入り、警察からそのような状況にストップがかかったこと、また女の裸がインターネットなどで手軽に見られるようになったことから、ストリップ劇場から客足が遠のくようになり、劇場は数を減らしていった。

ストリップ業界が浮き沈みする中、ずっと変わらない芸を披露し続けるストリッパーたちがいる。その芸は花電車といい、それを披露する芸人を花電車芸人という。

現在、日本で花電車芸を披露している者は、十指にも満たない。もしかしたら、ストリップ劇場が消える前に、彼女たちはいなくなってしまうかもしれない。花電車芸人は、極めて貴重な存在なのである。

女性器を使って芸をする

二〇〇八年秋、私が寂れたナニワミュージックを訪ねたのは、ひとりの花電車芸人を取材するためだった。彼女の名前は、ファイヤーヨーコ。数日前から、ナニワミュージックでステージを務めていた。

私がストリップ劇場、そして花電車芸人に興味を持ったのは、二〇〇〇年代初頭に、横浜にあった売春街黄金町《こがねちょう》を取材したことがきっかけだった。黄金町の売春街は、大岡川《おおおかがわ》という川の左岸に密集していた。黄金町へ何度も通ううちに、売春街の対岸に黄金劇場という一軒のストリップ劇場があることに気がついた。

二階建ての建物の屋上には、「ヌード黄金」と書かれた巨大な看板が据え付けられていたが、すでに壊れており、その看板に明かりが点《つ》くことはなかった。果たして営業しているのかどうかも定かではなく、そこには売春街以上に現実離れした空気が漂っていた。

常に気になる存在であったが、初めて劇場に足を運んだのは、しばらく経ってからのことだ。それは、黄金町の売春街が摘発によって消えてからのことで、二〇〇六年だった。

劇場は、島根《しまね》和子《かずこ》という、ストリッパーあがりのママが切り盛りしていたものの、常に閑古鳥が鳴いていた。三十人ほどが入ればいっぱいになってしまう狭い劇場ではあったが、満員になったのは見たことがない。常に客の数は、両手の指で数えられるほどしかいなかった。

毎週のように顔を出すうちに、島根ママはストリッパーが寝泊まりしている楽屋へも自由に出入りして取材をしていいと、私がやりたいように取材することを認めてくれたのだった。

私は黄金町の売春街を取材したと先に書いたが、そもそもそこへ足を運んだのは、世の中のメインストリームではなく、日陰に生きる娼婦《しょうふ》という存在に興味を抱いていたからだった。摘発により、娼婦たちは黄金町から消えていった。日常からは見えづらい場所にある黄金劇場、そしてストリッパーたちのもとへと足が向かったのは、やはり必然だったのかもしれない。

黄金劇場でステージを務めるストリッパーたちには若い者もいたが、客の入りが少ない劇場ということもあり、ギャラを安く抑えられる、年齢を重ねた者が多かった。ストリップ業界の中でも、さらに目立たない存在の高齢ストリッパーたちに取材できるのは、私には都合が良かった。

取材した中に、当時最高齢のストリッパーで、七十代の若尾《わかお》ヒカルがいた。彼女は劇場の楽屋で寝泊まりしながら、朝起きると神棚に水を供えて、手を合わせていた。彼女にとって、ストリップは芸事であった。月に一度は劇場からタクシーに乗り、成田山《なりたさん》の別院でお祓《はら》いもしてもらっていた。華やかさという言葉とはかけ離れた存在ではあったが、ストリップは性を見世物としているだけでなく、芸能のひとつであると教えてくれたのが若尾だった。

若尾ヒカルを皮切りにストリッパーたちの取材を進めていくうち、花電車芸人という存在を知ったのだった。

花電車芸とは、女性器を使って芸をすることである。花電車と呼ばれる、装飾された路面電車は客を乗せないことから、性器を使う芸を行うものの、男を乗せない芸者がそのように呼ばれるようになった。

その起源については、後章でじっくりと考察したいが、大まかには二説あるといっていい。ひとつは日本を起源とするもの、もうひとつは戦前に中国から日本の遊廓《ゆうかく》に伝わったというものだ。

どちらの説にしろ、戦前に全国の色街や花街では、芸妓《げいぎ》や娼妓たちが女性器を使って、書道をしたり、吹き矢を飛ばしたりしていた。戦後、売春防止法が昭和三十三年に施行されると、職を失った芸妓たちはストリップ劇場に流れ、芸をするようになった。それが、今日まで続く花電車の流れである。

花電車芸には十数種類あるが、主だったものを紹介してみよう。性器でおもちゃのラッパを吹く。筆を女性器に突っ込み習字をする。女性器にバナナを挿入して、膣圧でバナナを切る。女性器に火をつけたタバコを挿入して煙を吐く。女性器に筒を挿入し、筒の中に矢を入れて飛ばす。女性器で花を活《い》ける。クリトリスを糸で縛り、その糸に鈴をつけて鳴らす。さらに、クリトリスに縛った糸で台車を引いたり、卵を女性器に入れて出し入れしたりするものもある。

他にも、女性器に白熱電球を入れるホタルという芸や、女性器にコインを入れたまま歩くなどの芸もある。まだまだあるが、これくらいにしておこう。

ヨーコの芸は、花電車芸人の中でも飛び抜けている。ファイヤーヨーコという芸名からもわかるかもしれないが、女性器から火を噴くのだ。

その芸を直《じか》に見ることも、大阪に足を運んだ理由のひとつだった。

「私のお股から火を噴いてみせましょう」

出演する踊り子たちの順番を書いた紙は、香盤表と呼ばれる。ストリップ劇場の壁などに貼られているが、最後の出演者であるトリは、重鎮か人気のある踊り子が務める。この日のトリは、ヨーコだった。

香盤表から、ヨーコの芸が如何《いか》にストリップ業界で認められているかがわかる。ストリップ劇場の利益は、客が払う入場料だけではない。ストリッパーがステージ上で客と一緒にポラロイドカメラで撮影した写真を売る、ポラロイド写真の販売が大きな比率を占めている。これは、ポラと呼ばれる。当然ながら、ポラロイド撮影で人気が出るのは若いストリッパーだ。それゆえ、若いストリッパーは劇場にとって必要な存在であり、当然ながらトリも務めていることが多い。一方、ヨーコはポラを一切やらない。花電車の芸一本で勝負しているのだ。劇場が経営で苦しむ昨今、彼女がトリを務めていることは、もの凄《すご》いことなのだ。

観音開きのドアを開けて劇場の中に足を運んでみる。閑散とした外の雰囲気とは裏腹に、ステージを取り巻くように設《しつら》えてある長椅子には、万遍なく客の姿があった。その数は二十人ほどだろうか。席はすべて埋まっているわけではなかったが、黄金劇場からは感じられなかった観客の熱気を感じた。

劇場内は、仄《ほの》かに漂うストリッパーの化粧の匂いに、男たちから発せられる汗や、トイレから漏れてくる小便臭さなどが入り混じり、独特の匂いが醸成される。出入り口が狭く、空気の流れも満足でないため、劇場が産声を上げてから澱《おり》のように積もった匂いが、壁や椅子など至る所にこびりついているのだろう。

私はそのような空気を観客たちと共有しながら、ヨーコの出番を待っていた。それまでに登場したストリッパーたちは、街中で聞くような音楽をバックにして踊っていた。

「お待たせしました。炎のヨーコ、ファイヤーヨーコさんの登場です」

アナウンスが流れ、一瞬の間を置いて流れてきたのは、淀《よど》んだ劇場の空気を一変させるフラメンコ調の軽快な音楽だった。

薄暗い劇場の照明が落ち、スポットライトが当たった先にヨーコが立っていた。彼女は音楽に合わせて軽快なステップを踏んだ。

顔つきは、目がぱっちりとしていて、背も女性では高い方で百七十センチ近くある。流れる音楽とあいまって、容姿は日本人離れして見える。東南アジアにあるバーで踊っていたら、日本人だと気がつく人はいないかもしれない。

ダンスを終えると、場内の照明は明るくなり、ヨーコは小さなプラスチック製のカゴを手に現れた。ステージの中央に立って、まずは口上を述べる。その姿を見ていると、どこか異国の路上で大道芸を見ているような気分になってくる。彼女の持つ独特な雰囲気が、劇場を包み込んでいく。

「はいっ、本日はお越しいただき誠にありがとうございます。これから皆様に、私のアソコを使った芸の数々をお見せしていきたいと思います。中には危険な芸もございますので、くれぐれも自分の身は自分で守るよう、よろしくお願いいたします。何かあっても、私は一切責任を持ちません」

ヨーコの言葉に、場内の雰囲気は和やかなものとなる。さらに、ヨーコは常連客に話しかけていく。

「あんた、昨日もいたな。いつもありがとな」

ほのぼのとした空気の中、最初は性器におもちゃのラッパを挿入し、「さあ、参ります」の掛け声とともに、カッコウとくり返す童謡『静かな湖畔』を吹いた。

芸はまだはじまったばかりだが、私は思わず「おーっ」と声を上げてしまった。次に行ったのは、女性器でスプーンを曲げる芸だった。はじめる前に、ヨーコがスプーンを右手に持ちながら口上を述べた。

「ここにあるスプーンは、そんじょそこらの普通のスプーンではありません。全国チェーンのカレーショップとして有名なお店のスプーンと同じものです。このスプーン、触ってもらえばわかりますが、他のスプーンに比べて硬いんです。どうせ曲げるなら硬いものを、ということで選びました。さあ、それではご覧いただきましょう」

「えいっ」という掛け声を放って女性器にスプーンを挿入し、ヨーコがしゃがみこむと、場内は静寂に包まれた。ヨーコが歯を食いしばり、「うーっ」と唸《うな》り声を上げた。その刹《せつ》那《な》、見事にスプーンは曲がっていた。

初めて見る客だろうか、男は「おおっ」と呆《あき》れたような声を上げた。

女性であれば、ヨーコの芸の凄さをさらに実感できるのだろうが、この日、場内にいたのはすべて男だった。それゆえに、ヨーコのやっていることの凄さは、結果以上に、彼女が芸を行う時に発する言葉や表情から感じるしかない。私には、ヨーコの姿がだんだんと、花電車芸人というよりも、一瞬に力を凝縮させる武道の達人に見えてくるのだった。

「さあ、次は私のアソコの力で、誰もが知っている、この炭酸栄養ドリンクの栓を抜いてみたいと思います。タンポンの先のチェーンは瓶のキャップにくくりつけております。何のイカサマもございません。

それでは、挿入」

タンポンを女性器に入れると、瓶を最前列に座っている観客に押さえてもらう。「エイッ」という声をあげると、「ポコッ」という間抜けな音を立てて、キャップが外れた。

「手伝ってくれたお客さんには、お礼にそのドリンクをプレゼントしたいと思います。ただ、生温《なまぬる》いのでそんなに美味《おい》しい代物ではございません」

あえて生温いものを渡すのは、他の観客への気配りである。特に、夏場だと羨《うらや》ましがる者もいるだろうから、常温のままにして客への差別化を抑えているのだ。

「続いては、私のアソコから吹き放たれた矢で風船を割ってみたいと思います。どなたか、命知らずの人に手伝ってもらいたいと思います」

常連客だろうか、ジーパンにトレーナー姿の男が、指名される前にステージに上がった。男はステージの外れで背を向け、両手に計三つの風船を持った。ヨーコからの距離は、三メートルはある。ヨーコは「ふっ」という声とともに矢を放ち、見事三つの風船を次々と割ったのだった。

矢を飛ばす芸には、スピードとコントロールが求められる。のちにヨーコに聞いたところ、時にはミスをすることもあり、過去には客の背中に矢が刺さったこともあったという。その矢が刺さった客はたまたまヤクザだったそうで、声を上げるのは女々しいという意地があったのか、必死に痛みを堪《こら》えていたそうだ。

「最後になってしまいましたが、やってみましょうか。消防法など完全無視の芸。そう、私のお股《また》から火を噴いてみせましょう。一番目の前のあなた、炎が飛んできますから。くれぐれも、そこから動かないでくださいね」

常連客なのだろうか、男は心得たもので、落ち着いた表情で頷《うなず》いている。ただ、その周囲の客にはソワソワする者もいて、どこか他に席が空いていないか見回している者もいる。場内がざわつく中、ヨーコは口上を続けた。

「この芸を見ても、絶対に消防署にはタレ込まないでください。以前、アホな客が通報して、消防署員が来たことがあったんです。ここだけの秘密にしておいてください。

そして、お願いがあります。見事、私のお股から炎が上がりましたら、皆さん『ファイヤー』の掛け声をよろしくお願いいたします」

口上を終えると、ヨーコはシーツを敷いて、ステージの前に座り、尻《しり》と腰にクッションを当てる。股の前には、火がついたアルコールランプが置かれている。股を開くと、先が広がった筒を女性器に挿入し、右手で支えると、左手を上げて「行くよ」と声を上げた。

その声を合図に、劇場の照明が落ちた。

客の目が、仄《ほの》かに揺れるアルコールランプのささやかな火に向いた瞬間、ボボッという音とともに、暗闇の劇場を明るく照らす炎が一メートルほどの高さに上がった。「おおっ」というどよめきとともに、その瞬間、ヨーコの顔が赤く染まる。その姿は、まるで炎が神聖なものであった時代に火を司《つかさど》った女神のようにも見えてくる。

「ファイヤーッー！」

恍惚《こうこつ》とする客を現実に引き戻すかのようなヨーコの叫び声が、場内に響き渡った。常連客は心得たものでヨーコに同調するものの、初めて見た者はその声に引きずられ、まばらに声を上げたため、時間差で「ファイヤー」の声があちこちから響く。

「ずれてるって。ちゃんと『ファイヤー』って言わんと」

ヨーコは観客の反応を楽しむように茶化した。

「じゃ、もう一回いくからね」

次の「ファイヤー」では、最初よりは合うようになったが、それでもあまりの火の勢いのせいか、ずれる者がいる。ヨーコは心得たもので、都合三回火を噴いた。さすがに最後は、すべての観客が同調し、「ファイヤー」の雄叫《おたけ》びが場内に響き渡ったのだった。

ヨーコが男たちを前に火を噴く行いは、芸というよりは、古代の儀式のようだった。

天賦の才能

その日、最後の出演を終えたヨーコと、劇場の近くにあるメキシコ料理屋に向かった。

「ここは鳥の丸焼きが美味しいんですよ」

椅子に腰掛けると、メニューを開くまでもなくヨーコが言った。毎日ではないが、十日間の公演のうちに、必ず数回は足を運ぶという。体力勝負の仕事だけに、食事はしっかりと取る。メキシコ風のパエリアや、こんがりと焼けた鳥の丸焼きが運ばれてくると、優雅な匂いがテーブルに広がった。

「今日はお見せすることはできなかったんですが、まだまだ他にも芸はあるんです。例えば鉛筆を十本同時に折るとか、タンポンの先にクラッカーをチェーンで巻きつけて、お客さんに引いてもらって鳴らすとか。また、ぜひ見に来てくださいね」

今日の芸だけでも驚きと楽しみを与えてもらったが、ヨーコには、すべての芸を見せたかったという思いがあったのかもしれない。

「花電車芸人としてデビューしたのは、いつだったんですか？」

「私が三十歳の時でした。もう二十年以上も前のことです。ストリップ劇場の踊り子としては遅過ぎで、普通のアイドル系の踊り子なら、そろそろ肩叩《かたたた》きがはじまる年齢でした。今は無くなりましたが、デビューは十三《じゅうそう》ミュージックという劇場で、従業員からもこんなオバハンをなんで使うんだ、という胡散《うさん》臭い目で見られたものです」

体の美しさを売りにする踊り子であれば、あり得ない年齢であった。だが、彼女には花電車という芸、しかも彼女だけができる特技があったゆえに、常識外れのデビューが許されたのだった。

「当時の十三ミュージックと言えば、東の浅草《あさくさ》ロック座と並んで、日本を代表する劇場でした。数千万円のミラーボールが四つも吊《つ》り下がっていて、お客さんは常に満員。劇場の椅子に座り切れず、立ち見だけじゃなく、通路にまで座っているほどでした」

「それほどお客さんが入っていたんですか。信じられない時代ですね」

「はい、どこにもそんな劇場はありませんからね。初めてステージに立った時は、震えが止まらなかったことを覚えています」

「ヨーコさん以外にも、花電車をするストリッパーはいたんですか？」

「デビュー当時は、まだまだ花電車をやる先輩の踊り子さんもいたので、その人たちを超えてやろうと、必死になって芸を磨きましたね。花電車を売り物にする踊り子さんは、十人ほどはいたんじゃないでしょうか。それぞれが持ちネタを持っていたので、誰ともかぶらないネタが必要だったんです」

「それで、次々と芸を生み出したんですね」

「そうですね。やろうと思ったのが、ファイヤー。花電車をやる場合、お師匠さんについて芸を譲ってもらったりする人が多かったんですけど、私は師匠がいなかったので、自分で芸を磨いていくしかなかった。ファイヤーがストリップ業界で生きる術《すべ》だったんです」

彼女がそもそも花電車と出会ったのは、ヌードダンスや花電車を見せる大阪のショーパブだった。

「そこには何人かの女の子たちがいて、ラッパを吹いたり、吹き矢などを飛ばしたり、火を噴いたりする芸があったんです。そこで、見よう見まねで、ほとんどの花電車の芸を覚えていきました。他の人の場合、花電車をやろうと思っても、お師匠さんに習うほどですから、簡単なことではありません。ところが、私の場合は特に練習をすることなく、ラッパが吹けたり、他の芸もこなすことができたりしたんです」

「それは凄いですね。ヨーコさん自身は、すぐに天賦の才能に気がついたんですか?」

「いやいや、わからなかったです。当時、ショーパブで働いていた同僚が、『凄い子がいる』って、勝手に劇場に売り込んでくれたんです。たぶん、ラッパの音や吹き矢の飛距離が、他の子と違っていたのでしょう」

「具体的に言うと、何が他の方と違うんですか?」

「膣《ちつ》を締め付ける力が、他の人とは違うんです。膣まわりの筋肉が発達していることが、その理由です」

ちなみに以前、雑誌の企画でヨーコの膣圧を測ろうとしたことがあったという。ところが、膣圧を計測する機械で測ろうとしたところ、圧が凄すぎて計測ができなかった。立ち会った専門家も、前代未聞だと驚いていたという。そして、吹き矢の最長記録は十六メートル、さらに初速はメジャーリーガー大谷《おおたに》選手並みの百六十キロだった。

先ほど私が劇場で見た吹き矢の距離は、五メートルにも満たなかった。彼女のポテンシャルからしてみれば、難なくこなしてしまう距離だったのだ。

「他の花電車芸人の方たちとは、はっきり言ってしまうと、持っているモノがヨーコさんは違うんですね」

「私以上に膣圧のある方には、今のところ会ったことがないですね。雑誌の企画で膣圧の強さがわかり、ナンバーワンの花電車芸人になることを目標にしました」

「スプーン曲げなども、あんなに硬いものを曲げるんですから凄さはわかります。しかし、こんなことを言っては失礼ですが、一目でわかる派手さはありませんよね。そのような中、あのファイヤーには派手さと華やかさがありました。ファイヤーは、ヨーコさんの凄みを最もうまく表現する手段といえるかもしれません」

「ショーパブで見た他の方のファイヤーは、規模も小さくて、いま私がやっているものとは比較もできないものでした。ストリップでやっていくならば、もっと凄いものじゃないといけないと思い、かなりの研究をしました。

　私がステージで行うファイヤーは、アルコールランプを股間《こかん》の前に置き、そこに粉塵《ふんじん》を飛ばして火を立ち上らせる、粉塵爆発の原理を利用しているんです。そこで、粉塵を飛ばすための筒の形状を工夫していったんです」

「何度も試行錯誤をして、今日のファイヤーが生まれたんですね」

「ファイヤーが火炎放射器のように延びて飛距離を出すにはどうするべきか、何百と筒を作って実験しましたよ。結局、気に入ったのはひとつだけでした。今もその筒を使い続けています」

「一見、どこでも手に入るような筒が、ヨーコさんの芸を支えているんですね。ファイヤー、鉛筆折り、スプーン曲げと、持ちネタを増やしていくうちに花電車でナンバーワンになっていたわけですね」

「ナンバーワンかどうかはわかりません。けれども、間違いなく私だけしかできないオリジナリティーは出せていると思います。花電車をやっていた踊り子さんは、百円玉十五枚を膣の中に入れて一枚ずつ出していくなど、どちらかと言うと職人肌の方が多かったんです。私の場合は膣圧が高すぎるので細かい芸はできなかった。そのため、一度に鉛筆を十本折ったり、スプーンを曲げたりといった、パワー系の芸になっていったんです」

インタビューの最中《さなか》に、彼女は興味深い発言をした。

「日本では、もう花電車をやる踊り子さんがこれ以上増えることはないと思います。ただ、海外でも花電車があることはご存知ですか？」

私はまったく知らなかった。

「中国やタイなどでは、花電車をやっているそうです。実際に現地で見た人からの話なので、間違いありません。日本へは中国から伝わったという伝承があるので、海外ではどんな芸が行われているのか、気になるんです。実際に私の芸を見てもらい、私も海外の芸人の方から芸を見せてもらって、お互いに高め合いたい。武者修行といいますか、道場破りのようなことをやってみたいと思っているんです」

私は何とも面白いなと思った。ただ、実際に現地へ足を運ばなくてはならないし、交渉もしなくてはいけない。「ぜひ、やりましょう」と言ったものの、まったくの夢物語であった。

海外武者修行の話はさておき、最初の大阪での取材がきっかけで、私はヨーコへの取材を続けていった。

海外で道場破りに挑戦する

ナニワミュージックで初めて取材をしてから約二年が過ぎた頃、夢物語と思っていたものが動きはじめた。そう、花電車芸を行っている海外のストリップ劇場を訪ねて、お互いの芸を披露しあうことだ。

これまでにも様々な雑誌や新聞、テレビなどにも企画を売り込んできたが、誰も首を縦に振る者はいなかったと、その話をした大阪のメキシコ料理店で彼女は言っていた。

企画自体は面白いが、海外に行ってみなければ、果たして道場破りが成功するかどうかもわからない。そもそも芸の性格上、どうしても性器を晒《さら》さなければならない。それは、日本だけでなく海外でも違法行為である。それゆえに、最悪の場合は逮捕される可能性もある。マスコミを覆っている事なかれ主義からしてみれば、ゴーサインなど出るはずがないのだ。

あの日、私とヨーコが道場破り話で盛り上がっている傍らには、日笠《ひがさ》さんという実話誌の編集者がいた。このご時世に一風変わった男で、ストリップの取材をしたいと私がお願いした際も、「やりましょう」と背中を押すだけでなく、きちんと取材費の面倒まで見てくれていた。その彼からしてみても、さすがにヨーコの道場破りは理解の範囲を超えていたようだった。ぽかんとした表情でひとりコーラを飲みながら、「面白いですね。企画を出してみます」と言ってはくれたが、顔にはありありと困惑が滲《にじ》み出ていた。

ところがある日、日笠さんから一本の電話がかかってきた。

「あの企画なんですけど、通りました」

一瞬、企画を振った本人が何のことだかわからなかった。何か企画を出していたかと考えてしまったほどだった。出版不況のご時世に、取材費を引っ張ってくるのは無理だと半ば諦《あきら》めていたし、こんなことを言っては失礼だが、日笠さんがそれほど興味を持っているようにも思えなかったのだ。

「八木澤《やぎさわ》さんとヨーコさんの盛り上がりを見ていたら、少しでもお役に立ちたいなと思ったんですよ」

冗談半分の気持ちで話していたことが第三者を動かすこととなった。電話を切ると、手ぶらでは帰って来ることはできないという思いが込み上げてきて、身震いがした。

私が同行したところで、立会人としてカメラを向けることぐらいしかやれることはない。

強いて他に挙げれば、普通の人よりは少しばかり海外の物騒な場所を歩いてきた経験があるため、一筋なわではいかない相手との交渉も、真似事であればできるだろう。マネージャーのような役割はできるのではないか。

海外で花電車芸の取材をするうえでやりやすい場所はどこか。ヨーコと私が一致したのは、タイの首都バンコクだった。花電車芸は、中国ではクラブなどの余興として行われているそうで、あまり開かれたものではない。それに比べ、バンコクでは海外からの観光客向けのバーなどで半ば公然と行われているという。とはいえ、バンコクへは幾度となく足を運んでいるものの、私は花電車芸を見たことがなかった。

私はすぐにバンコク在住の友人に連絡を取り、取材の下準備に入った。やると決まったものの、バンコクのストリップを演じているバーにコネクションがあるわけではなかったので、当てはまったくなかった。

バンコクでの花電車芸の披露は、ヨーコが毎年休みを取る二月の初旬に決まった。友人にバンコクのストリップ事情を調べてもらったところ、観光客向けの売春施設である何軒かのゴーゴーバーで花電車をやっているという。

果たして、それらのバーが取材を受けてくれるかどうか。私はとりあえず、ヨーコより先にバンコクへ向かって段取りをつけることにした。

バンコクの花電車芸

ヨーコがバンコク入りする前日、バンコク在住の友人と実際に花電車芸が行われているバーへ足を運んだ。その店は、ベトナム戦争時代に米兵相手の売春からはじまった歓楽街、今では世界中から観光客が訪れるパッポンストリートにあった。

私は一抹の不安を抱えながら、大音響でロックが流れ、話も満足に聞き取ることができない通りを歩いた。店は、通りの中ほどの二階にあった。

店はちょうど開店したばかりだったが、店内にはちらほらと白人客の姿があった。円形のステージを囲むように席があり、ステージ上には、水着姿で浅黒い肌をし、小柄でずんぐりむっくりの体形をしたストリッパーがいた。年の頃は三十代半ばから四十代といったところだろうか。どんな芸を見せるのかと思ったら、性器から続けざまにピンポン玉を出した。

日本の劇場のように拍手がわき起こるわけでもなく、白人の客がビールを片手に興味なげに眺めていた。それでもストリッパーたちは、大音響のロックが掛かる店の中で芸を続けていた。ピンポン玉の次は、バナナの実を性器から出した。やはりその場の空気は変わらぬままだ。ストリッパーたちは、自分たちの持ち芸をただ淡々とこなしている。私が少しばかりのチップを渡すと、まるで仏像でも拝むように、ストリッパーは何かをつぶやきながら手を合わせた。

白けた店の中で、私はひとり感動していた。花電車芸は、どのような道筋をたどってここバンコクで演じられているのか。日本と同様、この国でも売春は大っぴらに行われているものの、花電車芸のルーツについて記された記録は、私の知る限り存在しない。あくまでも私の推論になってしまうが、バンコクでゴーゴーバーやソープランドを経営している者には、華僑《かきょう》が少なくない。風俗産業ばかりでなく、経済を牛耳っているのは華僑である。バンコクには巨大なチャイナタウンもあり、その影響力には強いものがある。花電車芸も、華僑がもたらしたものではないか。

人生を切り拓くための芸がある

この花電車を演じていたストリッパーに話を聞いてみたいと思った。ゆっくりと話を聞くには、音楽が始終流れ、大声で話さなければならないバーの中ではない方がよい。彼女たちをストリップバーの営業時間内に外へ連れて行くにはバーファイン、直訳するとバーへの罰金と呼ばれる連れ出し料を払わなければならない。その額は五百バーツ（約千五百円）ほどだった。バーファインがあるということは、彼女たちはストリップを披露するだけではなく、時には客の求めに応じて体を売っているということだ。

私たちは、ストリップバーと同じパッポンストリートにあるタイ料理屋へ入った。彼女は英語を話せないため、通訳はタイ語が堪能《たんのう》なバンコク在住の友人にお願いした。

店内はほぼ満席で、客のほとんどは欧米の外国人だった。彼女は色落ちした赤いTシャツにジーパン姿で、服装からは生活の匂いが滲み出ていた。

年齢は三十七歳で、マレーシアにもほど近いタイ南部のトラン県の出身だといった。タイ南部といえば、イスラム教過激派によるテロが頻発している深南部と隣接する地域である。トラン県でも過去に爆弾テロが度々発生している。イスラム過激派が跋扈《ばっこ》する以前は、タイ共産党やマレーシア共産党が反政府運動を行っており、常に硝煙の臭いが漂っているところだ。

「いつからストリップをやっているんですか？」

「二年ぐらい前からです」

「それまでは何をしていたんですか？」

「縫製工場で働いていました」

「ストリップをやるきっかけは何だったんですか？」

「工場での仕事だと給料が安くて、生活が大変だったんです。給料は一ヶ月で六千バーツ（約一万八千円）ぐらいでした」

「身の上についても聞いていいですか？　仕送りもしているんですよね？」

「そうですね。子どもが二人います。まだ十三歳と七歳なので、私が面倒を見ないといけません」

「子どもの父親は？」

「何もしてくれません。結婚はしなかったので、子どもの面倒は私がすべて見ています。三ヶ月か四ヶ月に一度、実家に帰って子どもたちに会うのが唯一の楽しみですね」

「ストリップで得られるのはどのくらいですか？」

「バーで踊るだけだと、一日七百バーツです。それにドリンクのバックや、お客さんと時には付き合うので、そのお手当てがあります。そうすれば、工場で働いていた時の二倍から三倍のお金を得ることができます」

「バーで披露していた芸はどうやって覚えたんですか？」

「私みたいに、きれいでもなくて若くもない女性は、ただ普通に踊っているだけでは、なかなか見向きもしてもらえません。少しでもお客さんの目を引くためにはじめました。芸を覚えると、給料が少し上乗せされることからも取り組みました。今日見てもらったピンポン玉を出すのと、クラッカーを鳴らすのと、二つの芸ができます」

彼女にとって花電車芸は、売春などの客を呼ぶための芸なのであった。訪ねたストリップバーは、売春なくして芸が存在し得ないところだった。

「芸をやっていて、大変なことはありますか？」

「毎日、毎日、二十回はステージで披露するんですけど、たまに女性器が痛くなって、朝起きるのも大変な時がありますね」

「何歳ぐらいから働いてきたんですか？」

「私は六人きょうだいの二番目なんですが、五歳の時に両親が亡くなっているんです。最初に父親、その次が母親でした。裕福な家ではありませんでしたから、両親も仕事に追われて、体調を崩したんだと思います。それからは、祖父母や親戚《しんせき》のもとで暮らし、満足に学校に通うことができませんでした。

これまでの人生は、ずっと働きづめだったんです。だから、子どもをちゃんと学校に通わせたいし、子どもには勉強してもらいたい。ちゃんと学校を卒業すれば、ちゃんとした仕事ができるチャンスも広がるでしょう。幸せな人生を送ってもらいたいんです」

彼女の身の上を聞きながら、かつて取材した、日本で体を売っていたタイ人娼婦を思い出した。彼女たちの中には、日本で夜な夜な体を売りながら、タイに残してきた子どもたちが通う私立の学校の学費をせっせと送金する者もいた。バンコクで花電車を披露する彼女も、家族のために身を削っているのだ。

花電車は、人生を切り拓くための芸でもあった。

話が一段落すると、テーブルに並んでいたタイ料理に舌鼓をうつことにした。彼女は赤とピンクがまざったような色をしたトムヤムクンスープを美味しそうに飲み干した。私も一口飲んでみたが、舌が痺《しび》れるほどの辛さだ。私のしかめ面を見て、彼女が歯を見せて笑った。

「警察沙汰になるとやっかいなので、ここは逃げましょう」

インタビューを終えると、パッポンストリートを歩いてバーへと戻ることにした。時刻は午後十時を回ろうとしていたが、先ほど以上に人が溢《あふ》れている。通りの露店では、偽物のロレックスやルイヴィトンのバッグなどが、堂々と売られている。

バーに戻ってから私がやらなければならないのは、経営者との交渉である。すでに、バンコク在住の友人にこのバーを何度か訪ねてもらい、内諾は得ていた。今日は最終確認をして、明日にはヨーコがバンコクに来る段取りになっていた。

先ほどよりは客が入っていたバーでしばし待っていると、ママだという四十代と思《おぼ》しき女性が現れた。彼女に、明日には日本のストリッパーが来て芸を披露するからよろしく頼みます、と告げた。

「問題はありませんが、どんなことをやるんですか？」

「すでに聞いていたと思いますが、女性器から火を噴く芸をやらせてもらいたいです」

すると、なぜかママの表情がにわかに厳しくなった。「ちょっと待ってください」と言うと、携帯電話を片手に店の奥へと消えた。

数分してママが戻って来ると、「ウチでは無理です」と言い出した。それからは、何を言っても「無理」の一点張りだった。明日にはヨーコも到着する。意外な展開に、正直困惑する。

「安請け合いをしても、直前になって内容を確認してから急に態度を変えるのは、よくあることです」

この店を紹介してくれた友人が、バンコクでは珍しいことではないと、諭すように言った。

途方に暮れる私に、ママは他の店を紹介すると言い出した。体良く追っ払いたかったのだろう。その店は、通りを挟んで向かいにある、薄暗いビルの中にあった。

そこで話をしてみると、芸の披露は可能だが、写真は絶対駄目だと言う。それではここまで私が来た意味がない。私は何とか写真撮影も大丈夫になるように交渉することにした。ところが、交渉をはじめてすぐに店の客である白人と従業員が金の支払いでトラブルとなり、喧嘩《けんか》がはじまってしまった。店の中は蜂《はち》の巣を突ついたような大騒ぎとなってしまい、交渉どころではない。

「警察沙汰《ざた》になるとやっかいなので、ここは逃げましょう」

友人の忠告に従い、私たちは店を後にすることにした。

二軒の店で断られ、企画の先行きがまったく見えなくなった。原因は、タイにおけるストリップの現状にもあった。日本でもストリップは非合法扱い（公然わいせつ罪を適用される）であるが、スポーツ新聞や雑誌で取り上げられるなど、黙認、半ば合法のようなものになっている。一方、タイではストリップに関することは、どんな媒体であっても紹介されることはないという。言ってみれば、完全に非合法なのだ。そのため、経営者やストリッパーも、劇場の存在が公になることを極端に嫌がる。日本では、少なからず芸という空気をストリップは纏《まと》っているが、ここ、バンコクでは観光客向けの余興でしかないのだ。

技巧派

翌日、ホテルのロビーで日本から到着したばかりのヨーコに、状況が変わってバンコクでステージを行うのは難しくなったことと、新たな案として、バンコク以上にバーが乱立しているパタヤに行った方がいいかもしれないと伝えた。すると、ヨーコは動じることもなく言った。

「明日、もう一度最初の店に行ってみましょうよ」

昨日の店の様子だと、いくら彼女が行っても厳しいのではないかと思ったが、私は彼女の言葉に従った。

翌日、私はヨーコとバーへ向かった。心の中は、断られるという思いで占められていた。

店内に入ると、すでに営業ははじまっていて、二組ほどの白人男性がいた。私たちの姿を見かけると、昨日駄目だと言ったママが席へとやって来た。すぐに嫌な顔をされて追い払われるかと思ったら、どうも雰囲気が違う。再び交渉に応じてくれた。実際に芸を行うヨーコの姿を眼《ま》の当たりにしたことで、簡単には追い払えなかったのかもしれない。

ママに、彼女が芸を行うヨーコだと伝え、性器から火を噴く芸がやりたいこと、短い時間で終えることなどを伝えた。ヨーコが性器から火を噴いているイラストが入った名刺をママに渡すと、昨日まで無表情だった彼女が初めて笑った。

「私には判断ができないので、社長に電話をします」

ママは店の奥に消えることはなく、私たちの目の前で電話をかけた。すぐに電話が社長に繋《つな》がったようだ。何やら説明している。すると今度は電話を私に渡した。この時、私は昨日とは違う空気の変化を感じていた。

電話口から男の声がする。

「あなた方のやりたいことはわかったけれど、営業中は駄目だ。それと、ステージにいるスタッフの写真は絶対に撮っちゃ駄目だよ。店の中の写真は撮ってもいいけど、ステージにいるのはその火を噴く女性だけにしてくれ」

私は店の営業前にやること、バーのステージの様子も撮らないことを約束した。何度か社長が同じことを繰り返し、念押しをした後、今度は直接バーに来て私たちと話す、と言い出した。わざわざ出向いて来るということは、ステージができる可能性は高いと思った。しばらくして、醬油《しょうゆ》で煮染《にし》めたようなTシャツを着た、風采《ふうさい》の上がらない初老の男が現れた。てっきり店の従業員かと思ったら、この店の社長だという。顔つきは中国系だから、間違いなく華人だろう。

社長も、私たちがどんな人間なのか確認したかったのだろう。そして、電話で話したことを改めて繰り返す。しつこいほどに、「営業中は駄目だ、ステージをやっている店の踊り子は撮れない」と言う。私たちが「それでもオッケーだ」と何度も言うと、営業前ならステージをやってもいいとようやく折れた。

一応、ステージは許可された。ほっとするのも束の間、社長は「いくら払えるんだ」と金銭を要求してくる。

当たり前だが、あまりに高額だと、こちらも断念せざるを得ない。このような場合は、こちらから金額の提示をせず、まずは向こう側から金額を言わせた方が良い。

社長が言った金額はこちらの許容範囲であったが、できることなら値切りたかった。ケチくさい話だが、撒《ま》き餌《え》のつもりで友人と私で三回もこの店に通い、少なくない飲み代も落としているのだ。

あまりに値切りすぎて相手の気持ちを害しても良くない。結果、言い値の三分一の額で交渉が成立した。ステージは開店前の約三十分。観客は社長の友人たちや店のストリッパーたち。これで何とか、ヨーコの芸をバンコクで披露する所まで漕《こ》ぎ着けた。

ほっとした気持ちでステージを見ると、昨日と同じようにストリッパーが相も変わらず、ピンポン玉を性器から飛ばしていた。その芸を目にしたヨーコが「凄い」と言った。私には言葉の意味がわからなかった。

「ヨーコさん。どこに凄さがあるんですか？」

「私にピンポン芸をやれと言われても無理ですよ。彼女の芸はピンポン玉をひとつずつ飛ばすために、ひとつ飛ばしたらすぐに性器を閉めなければいけない。私の芸と違い、技巧派なんです」

寒々としていたバーの光景が、ヨーコの説得力ある解説ひとつで、違ったものに見えてきた。だが、ヨーコが凄いと認める芸を行っているストリッパーは、バーの客に請われれば、体を売ることもしなければならない。彼女の芸は、体を売ることを前提としたものであり、日本のように芸として認められているわけではない。売春なくしては、存在しえないのだ。そこに哀しさを感じずにはいられなかった。

「ユーアー　ナンバー1」

翌日午後四時、私たちはタクシーで開店前のバーへと向かった。その車中で今日のステージの意義を尋ねると、ヨーコは言った。

「今日、私がここでステージをやることで、日本で花電車芸が無くなったとしても、もしかして彼女たちが私の芸に何かを感じ、私の芸を受け継いでくれれば、この国に花電車の伝統は生き続ける。今はそんな気持ちです」

車窓から流れゆくバンコクの風景を眺めながら、私はヨーコの心意気に感銘を受けずにはいられなかった。

タクシーを下り、バーへ向かって歩いていくと、人相の悪い女が話しかけてきた。

「今日、ステージをやるのはあなたたちか？」

昨日までは見かけなかった顔だ。バーの関係者だろう。あまりにも無愛想で、我々を歓迎していないのは一目瞭然《りょうぜん》だった。

午後五時。バーへ入ると、ぽつりぽつりと、ステージまわりの客席で化粧をするストリッパーたちの姿があった。

先ほどの人相の悪い女が、バーに着くや否や言った。

「早くはじめてちょうだい。十分で終わらせるんだよ」

さすがにその発言には驚いた。昨日の話では、ストリッパーや社長の友人たちを観客として呼び、その前で芸をすることになっていた。しかし、彼女は「今すぐやれ」と言って聞かない。二、三人のストリッパーしかいないのに、芸を披露することはできない。約束が違うと、私たちは勿論《もちろん》ステージを行うことを拒否した。

すると、人相の悪い女がどこかに電話をかけた。電話に出ろと言われて取ると、片言の日本語が聞こえてきた。社長の奥さんだという。

「すぐにやって、早く終わらせて欲しいんです」

「観客がいなくては、ステージをやることはできません。せめて、ストリッパーたちや社長の友人たちを呼んでからにしてください」

私がそう言うと、彼女はしばし沈黙した後、「わかりました」と渋々納得したのだった。

ヨーコがステージの準備をはじめると、徐々にバーのストリッパーたちも増え、その数は十人以上になった。店の開店時間の午後六時が迫っていた。ストリッパーだけでなく、通りに屯《たむろ》している客引きの男や、通りで豆などを売り歩いているインド人なども集まってきて、ちょっとした人数となった。

ステージのかぶりつきには、意外にも、すぐにはじめろと絡んできた人相の悪い女が仏頂面で座っていた。その後ろには、踊り子や客引きたちがちょっと間をあけ、様子をうかがうように座っている。

ステージに上がったヨーコが、英語で芸の説明をはじめた。初めての海外公演のためか、少しばかり緊張しているのだろう。声がいつもと違い、上ずっていた。その姿からも、このステージにかける彼女の思いが伝わってきた。

はじめに行ったのはクラッカー芸。タンポンから伸びたチェーンの先にはクラッカーがついている。クラッカーを引っ張っても、性器の圧力でタンポンは抜けず、派手に「パン」とクラッカーが鳴った。クラッカー芸に驚きの歓声が上がり、徐々にステージが盛り上がってきた。見れば、人相の悪い女が一番前で驚きの声を上げ、一番大きな拍手をしていた。ヨーコの芸が心を開かせ、先ほどとは別人の姿に変えていた。

次に、ヨーコは女性器からタバコを飛ばした。飛び出たタバコが私の友人の額を直撃し、バーの中は更なる盛り上がりを見せた。タバコの次は、吹き矢で風船を割る芸だった。初速百六十キロという、見たことのない矢のスピードに感嘆の声が上がる。

その頃になると、少し離れて見ていたストリッパーや客引き、インド人がステージのかぶりつきに座りだした。中には仲間に電話をかけて呼び出そうとする者もいる。

ステージの最中にも次々に客が入ってくる。バンコクのバーが日本のストリップ劇場のようになり、観衆はヨーコの世界の虜《とりこ》となっていた。

「ボオーッ」という音とともに、最後のファイヤーショーで火が噴き出ると、この日一番の大きなどよめきが起こった。そして、ヨーコの「ファイヤー」の掛け声とともに、自然とファイヤーコールが起きる。計三度の「ファイヤー」がバーの中を温かく包み込んだのだった。あの仏頂面の女も今や観音菩薩《かんのんぼさつ》のような顔となり、満面の笑みを浮かべてヨーコの芸を讃《たた》えていた。

私は、本物の芸が持つ凄さに感嘆を覚えずにはいられなかった。音楽は国境を越えるというが、正にヨーコの芸も国境を越えて、人の心を鷲掴《わしづか》みにしたのだ。

花電車は、一説には上海《シャンハイ》から大阪、そして日本全国へと広まったという。おそらく、花電車を知らせようと思った人物も、その芸に驚きを覚えたことから、日本へ伝えたのだろう。この場でヨーコの芸に驚きを覚えた人物が、いつかどこかで芸を広めるかもしれない。そうなれば、ヨーコの思いは通じたことになる。だが、未来のことよりも、私は異国の地で人々とヨーコの芸を共有できたことが、何より嬉《うれ》しくてたまらなかった。

ステージを終えた後、あの仏頂面で鬼瓦《おにがわら》のようだった女や、昨日ピンポン玉を出していたストリッパーたちがヨーコを取り囲んでいた。彼女たちは、ひとつひとつの芸に対して、ヨーコを質問攻めにしているのだった。ヨーコは嬉しそうな表情で、惜しげも無く芸のやり方を伝えている。

交渉初日の出来事からは、思いもしない結末であった。まさかここまでうまくいくとは、予想もしなかった。

しばらくすると、照明が暗く落ち、この日のバーの営業がはじまった。ヨーコはステージで踊る一人一人のストリッパーに、百バーツのチップを渡していく。ストリッパーたちがヨーコに手を合わせてお礼を言っていた。

その光景を見た私の胸には、言葉ではうまく表現できないのだが、熱いものが込み上げてきた。

バーを出て通りを歩いていると、ヨーコのステージを見た客引きたちが、次々に声を掛けてきた。

「ユーアー　ナンバー1」

この日、バンコクの片隅に、性器から火を噴く女の伝説が刻みこまれたことは間違いないだろう。

劇場の闇に灯し続ける

ヨーコの取材をはじめてから、十年以上が経った。私が初めてヨーコの芸を見たナニワミュージックは、潰《つぶ》れてしまい、今では更地になっている。それ以外にも、私がヨーコの芸を見た劇場は次々とその姿を消している。

この十年で、ヨーコが花電車を披露するのは、熱海《あたみ》にあるストリップ劇場と、営業でまわるスナックぐらいになってしまった。日本で活躍する花電車芸人も、十指に満たない。

実は、花電車芸の第一人者である彼女も、一度公に引退をしている。

二〇一〇年十二月のことだ。引退興行が行われたのは、渋谷道頓堀《しぶやどうとんぼり》劇場だった。私もその場に足を運び、ラストとなるはずだったファイヤーを眺めた。

「潮時だと思ったんです。のれる劇場も減っていって、ずるずるやっていくよりは、次の仕事の目処《めど》も立ったのでやめようと。やめるなら、こっそりやめないで公にしようと思ったんです」

ストリッパーたちの多くは、年齢とともに引退を迫られることになる。芸を武器にしていたヨーコにとっても、旅から旅への生活は、年齢とともに厳しくなってくる。それゆえ、次の仕事があるのなら引退しよう、と決めたのだった。

私が引退興行の次にヨーコと会ったのは、三・一一の原発事故で甚大な被害が出ていた福島だった。

「大震災で、友人のひとりが福島のいわき市に取り残されたことを知ったんです。それで、救援物資を車に積み込んで、福島に向かいました。あの状況を見て、何かしないといけないという思いもありました。

友人に救援物資を届けているうちに原発の作業員とも知り合い、政府やマスコミの発表していることが如何にデタラメかを知って、これは発表しないといけないと思ったんです」

花電車芸人時代から、雑誌やスポーツ新聞などで連載を持ったこともある彼女は、引退後はライターとして活動しようともしていた。原発事故の現状に、いてもたってもいられなくなったのだ。

「半年以上、物資を積みながら福島に通いましたね。作業員が集まるパブで、無給で働いて情報を仕入れたり、原発近くでペットの犬を保護したり。原発内部に潜入取材したライターさんの次に、私は福島で被曝《ひばく》していると思います」

原発事故の欺瞞《ぎまん》を暴こうとする行動力が、花電車芸を極めようとした彼女の探究心と根をひとつにしていることは、間違いない。

原発事故に関する世間の注目度が下がっていくと、彼女が取材したものを取り上げてくれる媒体も減っていった。さらに追い打ちをかける事態も発生した。

「女性特有の尿漏れなどを止めるためのＤＶＤや自伝の出版など、様々な仕事が詰まっていたんですが、あの三・一一の出来事から福島に力を注いでいた間に、すべてが流れてしまって……。リズムが狂っちゃったんです」

経済的に厳しい状況の中、彼女の芸を慕う踊り子から、「またのったらどうですか」と声が掛かるようになった。

「ご祝儀詐欺になっちゃったんですが、もう一度のることにしました」

引退から二年後、彼女は花電車芸人として復活したのだった。

彼女が出演するのは限られた劇場だが、再び「ファイヤー」が復活したことは喜ばしい限りだ。

一度引退を決意したほどだから、彼女の肉体や精神が万全の状態でないのは、想像に難くない。実際、数年前にはうつ病を患い、仕事が手につかなくなった。その時は半年ほど仕事を休んで、沖縄で療養した。

だが、ストリップに対して一途《いちず》な彼女の姿は数多《あまた》の人を惹《ひ》きつけるのだろう。ヨーコの花電車芸を、マツコデラックス司会の深夜番組が取り上げたこともあった。年々、法令遵守に世の中がうるさくなっていく中、非合法であるストリップ、その一部である花電車芸をテレビが取り上げるのは極めて珍しい。人を楽しませる見世物でありながら、自分自身を深く表現しているヨーコの芸の奥深さ、それがテレビマンの心を捉《とら》えたと私には思えてならない。

しかし、ひと昔前のようにストリップ劇場が満員の客で埋まり、思う存分芸を披露できるような時代がもう来ることはないだろう。時代はますます芸に対して厳しいものとなっている。

それでも、ヨーコは生きる術であり、魂の結晶でもあるファイヤーを劇場の闇に灯《とも》し続ける。

第二章　花電車芸、その起源を探る

口伝

紅燈《こうとう》に照らされた路地には、切れ目なく男たちの行列が続いている。その列からは、時おり中国語や韓国語が聞こえてくる。男たちがせわしなく視線を送るのは、趣のある日本家屋の上がり框《がまち》に座る、セーラー服やらノースリーブのワンピースを着た若い女性たちだ。彼女たちの隣りには遣《や》り手ババアと呼ばれる中年女性の姿もあるが、そちらに注意を払う者は、ほとんどいない。

「遊んでって、そろそろ決めてや」

遣り手ババアは路上の男たちに絶えず声を掛けている。若い女性たちは常に微笑みを絶やさず、まるでＡＩのロボットのように表情が変わらない。

私は大阪にある飛田新地《とびたしんち》を歩いていた。なぜ飛田に足を運んだのかというと、日本の花電車の歴史を語るうえで、どうしても外すことができない場所だからだ。

「私が調べた限りでは、中国の上海《シャンハイ》で花電車を見た人が大阪の飛田遊廓《ゆうかく》に伝えたことで、日本の花電車芸がはじまったそうです」

いつだったか、花電車のルーツについて、花電車芸人のヨーコに尋ねてみたところ、そのような答えが返ってきたのだった。

ヨーコが母親に連れられて高知の色街から抜け出し、移り住んだのが飛田新地からほど近い新世界界隈《かいわい》である。彼女は中学時代には学校に通うことなく、飛田新地の近くにあった靴工場で働いたこともあったという。年を重ねて、大阪十三《じゅうそう》にあったストリップ劇場で花電車芸人としてデビューした。花電車を受け継ぎ、当代ナンバーワンとなった芸人は、日本における花電車のルーツとなった土地の近くに暮らしていた。その事実を知った時、私は飛田新地を歩いてみたいという気持ちになったのだ。

花電車と縁が深い土地の空気を吸うだけではなく、何かしらルーツに関することを見つけ出したかった。ただ、はっきりとした資料が残っているわけではない。花電車が飛田新地ではじまったという話は、人から人へと伝わってきた口伝にすぎない。そもそも、花電車は悪所と呼ばれた遊廓などで、こっそりと受け継がれてきたものである。歌舞伎でいえば出雲阿国《いずものおくに》というように、そのルーツとなる人物がいるわけではない。はっきりとした創始者がいるわけではなく、至極曖昧《あいまい》なものだ。

また、上海などの大都市にストリップ劇場があることや、葬式の場で故人を弔うためにストリップを演じることがあることは知っていたが、中国の花電車に関しては、これまたはっきりとした資料は残っていない。日本側と同じく、すべては霧に包まれている。その霧中に少しでも陽の光が射すことを念じながら、歩いてみた。

遊廓は街外れに追いやられた

二〇〇〇年代に入り、日本各地の色街は摘発などにより衰退している。しかし、飛田新地は衰えている気配を感じさせない。

「飛田も最近は外国人のお客さんが多くなりましたわ。韓国人に中国人、インド人も乗せました」

難波《なんば》から新世界まで乗ったタクシー運転手からは、そのような話を聞いた。外国人が多いのは飛田だけではなく、ここに来る前に歩いた新世界の界隈でも同様だ。タイ語や中国語などが飛び交い、多くの外国人観光客で溢《あふ》れていた。

新今宮《しんいまみや》から飛田へと長いアーケードが続いている。以前歩いた時は、薄暗い印象しか持たなかった。ところが、今回歩いてみると、雰囲気が変わっていて、中国人の若い娘たちが盛んに声を掛けてくる。彼女たちはカラオケができるバーの客引きだった。通りから店内をのぞくと、いい年をしたおっちゃんたちが気持ちよさそうに声を張り上げている。

もともと、この通りは飛田新地へと向かう客を目当てにした青線だった。東京吉原《よしわら》の西に位置し、『たけくらべ』などで知られる樋口一葉《ひぐちいちよう》が暮らした竜泉《りゅうせん》が私娼窟《ししょうくつ》となったのと同じ構造である。そこが今では、遊廓へ向かう男たちや、釜ケ崎《かまがさき》（現あいりん地区）に暮らす男たちを目当てにしたカラオケバーのメッカとなっていた。

飛田新地で若く、きれいな娼婦がいる通りは青春通りと呼ばれる。以前と比べて、年齢層がさらに下がったようにも思える。そして、通りを照らすライトも心なしか明るくなったような気がする。タクシー運転手の言葉を思い出した。

「最近は働いている女の子が若くなって、ようけ稼げるもんやから、オーディションをしているって話ですよ」

車内でその話を聞いた時は、大げさなことを言っているなと思ったものだが、街の様子を見てみると、あながちデタラメでもなさそうだ。

時間は午後十時を回っていたが、男たちの数が減ることはなく、路地に響く靴音も絶える気配を見せない。

ひととおり飛田新地の中を歩いたこともあり、街の外れに置かれていたベンチに腰掛けた。ふと目をやると、目の前の壁にはこのような幕が掛かっていた。

〝南地で三百年此の地で百年謹んで御礼申し上げます〟

南地《なんち》とは、観光地として知られている道頓堀《どうとんぼり》周辺から近鉄難波駅あたりのことで、飛田新地が大正時代に開かれるまでのルーツとなった土地だ。宗右衛門町《そうえもんちょう》、道頓堀に面した九郎右衛門町《くろうえもんちょう》、櫓町《やぐらまち》、その南東にある坂町《さかまち》、南西の難波新地などの遊里をさして、南地五花街《ごかがい》と呼ばれた。

大阪を代表する遊里として知られた南地五花街は、江戸時代に形成された。そのきっかけは道頓堀である。

道頓堀という名は、大坂城の南端の堀を木津川《きづがわ》に結ぶ開削をはじめた、安井道頓《やすいどうとん》にちなんでつけられた。大坂の冬、夏の陣がはじまる前のことだ。安井道頓は大坂の陣で、大坂城に入城し戦死。従弟である安井道卜《どうぼく》が江戸時代初期に完成させた。

道頓堀ができると、千日寺《せんにちでら》の火葬場ができ、いくつかの寺が建った。時を同じくして、宗右衛門町のあたりには歌舞伎小屋が建ち、人が集まるようになる。江戸時代初期には、遊女によって踊られた遊女歌舞伎が人気を博していた。当然ながら、大坂城の外れであったこともあり、演じる遊女の中には春を売る者がいた。南地五花街は遊里として栄えたのだ。ただ、『浪華百事談《なにわひゃくじだん》』によれば、道頓堀のあたりは大坂の街の南の外れであり、江戸時代後期まで、一丁も南に下れば、そこには耕地が広がっていたという。

幕府から公許を得ていた大坂の遊廓は、現在のオリックス劇場あたりにあった新町遊廓のみだった。その他の色街は私娼窟で、南地五花街も何度か取り締まりに遭っている。南地が遊廓として公許を得るのは、明治時代になってからだ。

飛田新地が開かれるきっかけとなったのは、一九一二年（明治四十五）の大火だった。難波新地乙部にあった風呂屋《ふろや》が火の元となり、大阪湾から吹き付けていた西風にあおられ、火は瞬く間に広がった。難波新地だけでなく、千日前にあった映画館や劇場まで焼きつくし、五千戸が焼失。不幸中の幸いは、死者が四名で済んだことだ。

さて、難波新地には甲部と乙部という、二種類の売春の形式があったという。

甲部とは、娼婦を置いていた置屋から貸座敷に娼妓《しょうぎ》を送り込む方式のことで、乙部とは、娼妓が貸座敷に住み込んでいて、そこで客の相手をする方式のことだ。居稼と書いて、〝てらし〟と呼ばれた。客からしてみれば、手軽に遊べるのは乙部の方で、花代も安くなる。難波新地の他に、新町遊廓の一部、松島《まつしま》遊廓にも〝てらし〟の娼妓がいた。甲部に比べると、格式ばっていないこともあり、下に見られていたのが乙部なのだ。

火事により、難波新地乙部の娼婦や経営者は仕事を失い、窮地に陥った。そんな彼らを救済する意味もあり、代替地に指定されたのが、現在の飛田新地の場所だ。

その付近にはもともと刑場、墓地があった。江戸時代には鳶田《とびた》垣外《かいと》と呼ばれ、隠れキリシタンなど、被差別の身分におとされた人々が集められた土地でもあった。

行政からしてみれば、遊廓を設置するには、うってつけの土地ともいえた。さらには、乙部の質の落ちる娼妓たちを街外れに追いやれば、その娼婦についた客もそちらに流れることになる。行政にとっての厄介者たちを、一ヶ所に集めることもできる。

飛田新地が営業をはじめたのは、一九一六年（大正五）のことだ。このように、下層民向けの売春宿として飛田新地はスタートしたのだった。同じく、当時日本で一番多くの娼妓がいた九条《くじょう》の松島新地も、近代に入ってからは大阪の街外れに設置された。やはり、働く娼妓は〝てらし〟を中心としていた。

大きな分岐点となった年、昭和三十三年

飛田新地の隣りには、釜《かま》ケ《が》崎《さき》のドヤ街がある。偶然、その場所にあるわけではなく、やはり大阪の市中長町《ながまち》にあったスラムがこの場所に移されたからだ。

長町は、南地五花街の隣り町で紀州《きしゅう》街道沿いにあり、読んで字の如く南北に伸びていた。大坂夏の陣の翌年に、大坂東町奉行によって旅人宿を置くことを認められたことが、街の大きくなるきっかけとなった。大坂の街が発展し、商工業が盛んになると、労働者向けの木賃宿ができる。さらには、大坂に流入してくる無宿人などの受け皿の役割を担うようになった。時代を経るごとに、浜立ちと呼ばれた娼婦なども暮らすようになり、スラム化していった。

長町のスラムが移転するきっかけは、難波新地が焼ける九年前の一九〇三年（明治三十六）。天王寺《てんのうじ》公園や新世界の一帯を会場として、第五回内国勧業博覧会が開催されたことにある。世界中の人々が集まることになり、中心部から遠ざけられたのだ。オリンピックやサッカーのワールドカップなど、世界的なイベントがあるたびに色街などの悪所は摘発に遭うが、そのはじまりは大阪にあったのだ。

娼婦と都市下層民を大阪の街外れに移すという行政の思惑により、釜ヶ崎と飛田新地は形成された。

飛田新地には難波新地の娼妓ばかりでなく、他の娼妓も集められていた。大正時代に入ると、私娼やヤトナ、大正芸者と呼ばれる、芸者まがいの芸を披露し、時には体を売る女たちが大阪や京都などで人気を博していた。行政からすると、風紀を乱す彼女たちの存在は好ましいものではなく、彼女たちも飛田新地へ集められたのだ。

飛田新地には、居稼と呼ばれた下層の娼婦たちが集められ、その数は二千人を超えた。その中で、基本的に芸を売り物にして、売春をしない芸妓の数は二十人に満たないほどだった。産声を上げた時から飛田新地には、今日の即物的な売春が行われる下地ができていたといえる。

娼妓と芸妓の比率を見ただけでも、飛田新地は芸事の割合が極めて低く、売春に特化した街であったことがわかる。それでも、今日の状況に比べれば、客の中には座敷遊びをする者も少しはいて、座敷芸が行われる余地はまだあった。

一方で、表向きは芸を売り物とし、格式を重んじる芸妓の街であった南地五花街や北新地、堀江《ほりえ》などの花街は、花電車が入り込む余地が無かった。「不見転《みずてん》」と呼ばれ、体を売ることを厭《いと》わぬ芸妓は少なくなかったが。

花電車は、飛田新地という母体で育《はぐく》まれたが、昭和三十三年に売春防止法が完全施行されると、遊廓の灯は消えた。多くの遊廓は、ソープランドやラブホテルなどに姿を変えていったのだ。飛田新地はその荒波を乗り越えることができたが、娼婦に芸を求める客は時代とともに減っていき、性欲処理の場としての役割が最優先となった。

昭和三十三年は、花電車に大きな分岐点となった年である。飛田に伝わり、その後、東京浅草《あさくさ》の私娼窟や玉《たま》の井《い》などにも広まった花電車は主に色街で演じられていたからだ。その灯が法律により消えたことは、花電車が遊廓を離れて、ストリップ劇場で演じられるようになる大きなきっかけとなった。

上海には十万人の娼婦がいた

上海《シャンハイ》から飛田遊廓へと伝わった説がある花電車。飛田遊廓のあった大阪と上海は、どのような形で結びついていたのか。

飛田遊廓ができたのは大正時代はじめのことだ。上海と大阪のある関西地方は、神戸《こうべ》と上海を結ぶ航路で結ばれていた。その歴史は、明治初頭の一八七五年にはじまる。郵便汽船三菱の船が横浜を起点として、神戸、下関《しものせき》、長崎を経由して、上海に航行していた。飛田新地が開かれて二年後の一九一八年（大正七）には、大阪と上海も航路で結ばれている。ちなみに、その航路は今も営業していて、私も二度ほど、上海から大阪までフェリーで船旅をしたことがある。

上海の歴史を辿《たど》っていくと、古代の漁村にはじまり、唐の時代には中国の内陸部と沿海部を結ぶ港町として発展した。その後、宋の時代に日宋貿易が行われ、さらには元寇《げんこう》があった元の時代には、貿易を管轄する市舶司という官庁が置かれ、元寇前には元の貿易船が日本を訪れていた。

東シナ海に面した上海の街は、国際的な貿易港としての土壌があったが国際的な港町として大きな発展を遂げたのは、清の時代になってからだ。清がイギリスとのアヘン戦争に敗れて南京《ナンキン》条約を締結すると、一八四五年のイギリスを皮切りに、アメリカ、フランスなどによる租界が形成される。租界は、外国人が警察権と行政権を掌握した居留地であり、植民地支配の最前線となったわけだが、当時最先端の建築技術や娯楽もそこには流れ込むこととなった。

アジアを植民地支配していた欧米列強の後を追うように現れたのが、明治維新によって近代国家として歩きはじめた日本だ。上海の租界は、フランス租界以外は共同租界という形になり、イギリスやアメリカを中心に管理する形態となっていた。そこに、日本は一八七一年に日清修好条規を結んだことで入ることになる。共同租界の一角である虹口《ホンキュウ》には、上海へと渡った日本人が多く暮らすようになり、日本租界と呼ばれるようになった。

私は今から二十年ほど前に旧日本租界を歩いたことがある。重厚で豪奢《ごうしゃ》な西洋建築が建ち並ぶ外灘《がいたん》から北に向かって歩いていくと、外白渡橋が架かっている。その橋を渡ったところから、日本租界がはじまる。橋の両側には、浦江飯店《ほこうはんてん》と上海大厦《たいか》という歴史的にも重要な建物が鎮座していた。

上海大厦は戦前の一九三〇年に建設がはじまり、一九三四年に完成している。日本占領時代には日本軍に接収され、日本軍の将校ばかりでなく、中国国内で工作を行った特務機関も利用した。戦後、大物右翼として名を馳《は》せた児玉誉士夫《こだまよしお》も終戦までここに住み、諜報《ちょうほう》活動に従事していた。日本が敗れると、中国に駐在する外国人記者クラブと住居となり、国共内戦終結後にはホテルとなり、現在に至る。

一方の浦江飯店は、日本でいえば江戸時代末期、スコットランド人が開業したホテルに由来がある。

何度かの改築を経て、中国では初めてエレベーターや水道、ガスを設置し、東洋を代表するホテルとして認知されるようになった。江戸時代末期には、ヨーロッパへ視察に向かう江戸幕府の役人、上海に密航した高杉晋作《たかすぎしんさく》、戦前にはあのアインシュタイン博士も宿泊した。さらには、清朝末期、事実上の女帝として知られた西太后《せいたいこう》の誕生日を祝うパーティーも開かれたことがあったほどで、現代史を見つめてきたといってもいいホテルである。

二十年以上前に一度だけ、一週間ほど宿泊した。当時、大学生だった私が、要人が泊まるほどの高級ホテルに泊まることができたのには理由がある。浦江飯店は時代を経て、バックパッカー向けのドミトリーを設けていたのだった。

宿泊するために足を踏み入れた時には、落ち着いた照明と高い天井に格式を感じ、果たしてドミトリーがあるのかと思ったものだ。重厚なドアを開けた先には、見るからに高価そうな調度品が置かれた部屋に、無造作にベッドが並べられていた。部屋には、私と同じように貧乏旅行をしていた日本人や西洋人の姿があった。ドミトリーの部屋ではっきりと覚えているのは、大理石の風呂があったことだ。ちょうど半身が浸《つ》かれるほどの深さで、大理石のひんやりとした感触が何とも心地よかった。後にも先にも、大理石の風呂に入ったのは、浦江飯店のドミトリーだけである。

その当時は、要人が泊まっていたホテルだとは知らなかった。今から思えば、もっとしっかり館内を見学しておけばよかったと思うが、若さと無知は取り返しのつかないもので、この原稿を書きながらも後悔の念に苛《さいな》まれている。というのは、浦江飯店はホテルとしての営業を終えているからだ。

浦江飯店から東北方向に広がっていたのが、いわゆる日本租界と呼ばれた地区で、その租界時代の寺がディスコに利用されていた。

江戸時代には租界を形成していた欧米列強に後れて上海に日本は進出したこともあり、一八七〇年の時点では、三人の日本人が暮らしているにすぎなかった。それが、日清戦争に勝利した後の一八九九年には千人を超え、それからはほぼ右肩上がりで増えていく。太平洋戦争中には、十万人を超える日本人が暮らしていた。

日本人が増えるに従って、共同租界内には住める土地がなくなっていき、越界築路地域と呼ばれた共同租界外に、新たな租界を築いて暮らすことになる。中には、越界築路地域を外れた租界外に暮らす者も少なくなかった。日本人の立場も様々で、商社などの社員として暮らす者もいれば、自営業を営んで暮らす者もいて、日本人居留民たちは一枚岩というわけではなかった。

日本人ばかりでなく、多くの外国人が暮らし、治外法権を有していた上海には、魔都という代名詞があることからもわかるように、アヘンや売春が蔓延《はびこ》っていた。

共同租界内だけでも、七百軒近い妓楼、日本でいえば売春宿があったという。当時の清朝は、売春を禁じて取り締まっていたこともあり、租界ができる前の上海には、軍隊の駐屯地周辺に数えるほどの妓楼しかなかったという。ところが、租界を最初に形成したイギリスは公娼制度を持ち込み、売春を公認したのだった。治外法権下の租界を清朝は取り締まることができず、清朝末期の政治的な混乱が続いていた時代情勢もあり、中国各地から職を求める男たちばかりでなく、女たちも流入してくることとなった。

一九一七年のロシア革命以降は、白系ロシア人たちも上海へ難民として流れてきた。その女性たちは満足な仕事にありつけず、租界に暮らすアメリカ人やイギリス人、現地の中国人の愛人になる者や、妓楼で体を売る者もいた。春を売った外国人はロシア人ばかりでなく、インド人やロマ、日本人の姿もあったという。

娼婦は十万人いたとされる。当時の上海の女性人口は百五十万人で、十五人に一人が娼婦だった。娼婦は、裕福な外国人を相手にする者から、野鶏《ヤージー》と呼ばれる最下層の街娼まで、十数種類にランク分けされていたという。

ちょっと話はそれるが、江戸時代に江戸の路上で客を引いた最下層の街娼は、夜鷹《よたか》と呼ばれていた。中国も日本も、鳥にまつわる名称がついていたことは興味深い。

多くの文化人が惹かれた魔都

一九三〇年代の上海を描いた吉行エイスケの『新しき上海のプライヴェート』（ゆまに書房、二〇〇二年）という著書がある。その本から、当時の様子を知るために引用してみたい。

〝サボイ・ホテル横の路地に入ると閉《とざ》されて青い扉《ドア》の隙間から一塊の賣笑婦たちが頽廢の相《すがた》を見せて手招いてゐる。一見してここが生理的な便所であることが分る。メリケン語と怪しげな日本語と暗語のやうなスラヴ語を交互に喋舌《しゃべ》るとき、客には粉飾されたかの女たちの肉體が病毒の噴火口のやうに荒廢してゐるのが見へる。この腐敗した肉感を持つメリケン風なテクニックの中へ尚、男性は沈溺して行くのだ。
この界隈には無數の黄包車《ワンパウツ》がゐて客を次から次の魔窟へ伴れて行く。その足跡は租界内にあつても無限で、スラヴの女から、伊太利女《イタリーンヌ》、ポルトギス、廣東女《カントン》、朝鮮娘から、日本の公娼に至る迄——戀愛の吐き棄て場なら、いくらでもある。〟

吉行エイスケは破天荒な人生を歩み、三十四歳の若さでこの世を去ったが、上海に魅了されたようで、数度渡航している。上海の娼婦たちに関して、著書の中では比較的多くのページを割いている。文中に登場するサボイ・ホテルとは、日本人租界のあった虹口で営業していたホテルである。吉行エイスケ以外にも、上海の猥雑《わいざつ》さには多くの文化人が惹《ひ》かれ、谷崎潤一郎《たにざきじゅんいちろう》、芥川龍之介《あくたがわりゅうのすけ》、金子光晴《かねこみつはる》などが長期にわたって滞在している。谷崎は、家を購入することも検討するほど気に入っていたという。

後年、吉行の息子の吉行淳之介《じゅんのすけ》は東京の赤線、鳩の街を描いた「原色の街」(『世代』14号、一九五一年)が芥川賞候補作となるが、父親の生き様が少なからず影響を与えたのだろうか。

鳩の街のルーツは、東京大空襲で焼けた色街、玉の井である。後の章で触れる玉の井は戦前から営業をはじめ、終戦後に再び営業をはじめるが、赤線の一角では花電車を披露する娼婦がいたという。上海から、飛田、さらには玉の井へと、色街から色街へと繋《つな》がる縁には、不思議な感情を抱かずにはいられない。

娼婦が溢れていた戦前の上海では、ヌードダンスを披露するバーも少なくなかった。当時、上海で発行されていたガイドブックによれば、そこで働く女性たちの多くはロシア人女性だったという。

当時の上海では、ホワイトカラーの仕事を得るためには英語が必要とされた。ところが、ロシア難民の女性たちには英語を話せる者が稀《まれ》であり、彼女たちが就けるまともな仕事はほとんどなく、夜の街へと流れたのだ。

ロシア人女性たちの人気が高まるにつれて、上海に暮らす難民の女性だけではヌードダンサーが足りなくなると、業者は満州《まんしゅう》に流入した難民の女性たちを「工場で働ける」と偽って連れて来て、ヌードダンサーに仕立てあげることも行っていたという。日本でも二〇〇〇年代初頭までは、じゃぱゆきさんの人身売買が盛んだった。まぎれもなく、それと同じことが戦前の上海でも起きていたのだ。

ロシア人ばかりでなく、先に引用した吉行エイスケの著書によれば、上海の空き地にはロマたちのテントが立ち、そこではストリップまがいの行為がされていた。

ストリップばかりでなく、妓楼においては、娼婦たちが女性器を使って阿片や酒を吸ったりする花電車芸を、見世物として行っていたという。

有力なルーツ、散楽

上海で行われていた花電車の起源は、いつぐらいまで遡《さかのぼ》ることができるのか。上海は近代に入り、欧米列強の侵略という不幸な形で国際都市となった。売春や麻薬が蔓延り、海外からの難民ばかりでなく、国共内戦で荒廃した中国国内からも人々が流入した。人々が集まる場所には、金も集まり、花電車などの芸能が育まれる土壌ができていったといえる。

花電車は女性器を使う芸ということもあり、披露する場所が極めて限定される。あくまでも仮説だが、そう考えると、売春が行われた遊廓（妓楼）、さらには市民の間に余興を楽しむ都市の市民文化の萌芽《ほうが》なくして、花電車が成立することはなかったのではないか。

娼婦たちを囲った妓楼は、記録に残るものでは、紀元前七七〇年にはじまる春秋戦国時代に遡る。春秋時代、斉の十五代君主桓公《かんこう》の臣下であった管仲《かんちゅう》が、七つの市にわたって七百ヶ所の婦閭《ふりょ》と呼ばれる遊里をつくったという。ただ、その遊里は国王が快楽に耽《ふ》ける場所であり、一般の人々には無縁の場所だった。

大規模で人々に開かれた妓楼として知られるのは、唐の時代の長安《ちょうあん》にあった平康里である。

唐は、中央アジアから東南アジアへと版図を広げ、世界帝国となった。その首都であった長安には、ペルシア人やソグド人、インド人など世界中から人々が集まっていた。人口は百万人を超えていたともいわれる。文化の交流は盛んになり、東西の文化が行き交った都市でもあった。

長安の酒場では、ペルシア人の女性が踊る胡旋舞《こせんぶ》が演じられるなど、大衆芸能の発展においても重要な土地であった。この唐の時代に、日本には散楽《さんがく》が伝わっている。

この散楽こそが、花電車のルーツではないかと私は思っている。散楽とは、西域と呼ばれた中央アジア、西アジア、さらには古代ギリシャ、ローマなどで生まれた芸能が、シルクロードを通じて中国に持ち込まれたものだ。

中国の宮廷で伝統的に演じられた雅楽に対して、種々雑多な芸を指しており、まとまりに欠くことから、隋の時代に散楽と名付けられた。散楽が成立した時代は諸説あるが、一説には、紀元前の周、その後の漢の時代には民間に伝わっていたという。時を経て、西から流れてきたものが積み重なり、散楽が成立した。

世間では中国雑技団が知られているが、そのルーツが散楽である。綱渡り、剣を呑《の》む、火の輪くぐり、獅子舞《ししまい》、猿回し、亀やカエルなどを使った芸、女と男の相撲、歌舞伎など、それこそここでは紹介しきれないほどの芸があり、散楽は百戯とも呼ばれた。

私は、中国深圳《しんせん》の路上で猿回しを見たことがあるが、人通りの少ない裏通りでこっそりと演じられていた。もう少し、空間のある広場などでやればいいのにと思ったが、後に中国で猿回しは禁じられていて、演者は拘束されることを知った。

果たして、芸を禁じているのか、都市部に流れてくる流民を取り締まっているのか定かではない。しかし、数千年の歴史を持つ伝統芸能を維持していくのには、厳しい現実が立ちはだかっていることは、間違いない。

猿回しのはじまりは、インドとも古代メソポタミアとも言われているが、中国の散楽に組み込まれた。

散楽が日本に伝わったのは、公には奈良時代とされている。だが、大陸との交流はそれ以前からあるわけで、奈良時代より前に伝わったと考える方が自然であろう。

散楽について記載されている最初の書物は、『続日本紀《しょくにほんぎ》』である。聖武《しょうむ》天皇の時代のことで、天平《てんぴょう》七年（七三五）五月五日には、このような記述がある。

〝天皇は内裏の北の松林苑に出られて、騎射を見られた。帰国した遣唐使と唐人が唐楽や新羅楽を演奏し、槍《ほこ》をもって舞った。〟

騎射とは流鏑馬《やぶさめ》のことだが、槍をもって舞ったとは、散楽のひとつに含まれている、槍を操る軽業のことである。軽業とは、綱渡りや刃渡りなど、危険を伴う芸のことだ。言葉は通じずとも、誰にでもわかりやすい芸といっていいだろう。

この時に演じられた散楽が天皇の心を打ったのだろうか、天平年間に、散楽は公式に保護されるものとなった。雅楽寮に散楽戸が置かれたのだった。

聖武天皇の次の孝謙《こうけん》天皇時代には、東大寺《とうだいじ》大仏の開眼供養法会が天平勝宝《しょうほう》四年（七五二）に催されているが、ベトナムの林邑楽《りんゆうがく》などとともに散楽も奉納された。

その後、桓武《かんむ》天皇の時代になると、文化の日本化が進んだこと、また散楽自体が雑芸であり、庶民性の強いものであったことから、散楽戸は廃止されてしまった。それにより、宮廷内で管理されていたものが庶民の間に広まるきっかけとなり、日本の伝統文化である能や猿楽が生まれることとなった。

能や猿楽が伝統芸能として日本を象徴するものとなる一方で、市井の片隅で演じられるようになっていったのが、花電車なのではないだろうか。

大正時代に中国から伝わったという起源。それと、奈良時代に伝わった散楽が日本で独自の発展を遂げ、庶民の文化が成熟していくとともに、花電車を作り上げたという起源が考えられる。というのは、大正時代に飛田遊廓へ花電車が伝わる前の江戸時代、江戸の見世物小屋で花電車が演じられていたという記録が残っているからだ。

奉行と賄賂と色街

「ハイお兄さん、どうですか？」

大きなサイズのＴシャツが吊《つ》り下げられた洋服屋の前で、店員と思《おぼ》しき黒人の大男に声を掛けられた。あたりを歩いているのは、中国人の観光客ばかりで、日本人は目立たない。思えば、駅を出てここに来る前にもカバブ屋台があって、トルコ人の男が道行く外国人に盛んに声を掛けていた。

日本人より外国人ばかりが目立つため、日本ではなく、どこか東南アジアの観光地を歩いているような気分になってくる。私は、上野《うえの》公園下の広小路《ひろこうじ》口を歩いていた。

江戸時代、このあたりには見世物小屋が立ち、両国《りょうごく》と並んで、多くの人々でごった返していたのだった。その見世物小屋では、日本における花電車芸のルーツともいえる「やれ突け、それ突け」などが演じられていた。

それこそが、庶民に愛された見世物小屋だった。主に見世物小屋が立ったのが、人が集まる寺社仏閣の周辺だ。

権力から離れ、自由な空気を纏《まと》ったような印象を受ける見世物小屋だが、封建制が敷かれていた江戸時代においては、農民ばかりでなく、非常民であった芸能者たちも幕府に管理されることなく生きていくことはできなかった。

両国は、明暦《めいれき》の大火後の火除《ひよ》け地として道が広げられたことにより、空間が生まれ、そこに見世物小屋が建った。一方、上野の広小路口も同じく明暦の大火後に広げられ、空間が生まれた。ただ、上野の場合は、東叡山寛永寺《とうえいざんかんえいじ》の寺社町であったことが、江戸の人々を集めた大きな要因だった。

見世物小屋ばかりでなく、深川八幡《ふかがわはちまん》、湯島天神《ゆしまてんじん》、護国寺《ごこくじ》、根津《ねづ》神社、浅草寺《せんそうじ》など、大規模な寺社仏閣の周辺には岡場所という色街が形成された。江戸時代、公に認められた遊廓は、吉原と品川《しながわ》、板橋《いたばし》、千住《せんじゅ》の宿場町だけだった。百万人の人口を抱え、その六割が男性だったと言われる江戸では、その四ヶ所だけでは、男たちの欲望を満たすことは不可能だった。江戸の街中には、寺社仏閣の周辺を中心として、百ヶ所といわれる岡場所ができたのだ。岡場所は、いってみれば、違法風俗地帯であった。

江戸時代の寺社は、三奉行のひとつ、寺社奉行によって管理された。三奉行には他に町奉行、勘定奉行があるが、寺社奉行は譜代大名が任命され、将来は老中への出世が見込めるエリートコースであり、旗本が任命される他二つの奉行職より格上であった。

寺社奉行は、寺社が富くじという、今でいう宝くじを発行する許可を与える権利や、寺社にまつわる訴訟を担当していたこともあり、莫大《ばくだい》な賄賂《わいろ》を受け取ることができた。さらに、寺社周辺の犯罪の取り締まりも行っていたため、幕府が認めていなかったにもかかわらず、半ば治外法権となっていた寺社の周辺において、違法な風俗営業を許可することもできたのだ。寺社のまわりに色街が形成されれば、人も多く集まり、参拝者も増え、賽銭収入が増える。まわりまわって、寺社奉行の懐に賄賂という形で収まることになる。

花電車のルーツであり、今日のストリップと変わらない陰部を露出するような芸事が年中認められていたのも、寺社奉行の影響力と無縁ではなかった。

両国は見世物小屋で栄えていた

江戸一番の賑《にぎ》わいを見せた場所は、隅田川《すみだがわ》を渡った両国であった。火除け地とともに、やはり寺院とも関連がある。十万人ともいわれる明暦の大火の被害者を弔うために建立された回向院《えこういん》である。江戸時代、日々、回向院には参詣《さんけい》者が絶えることはなかった。江戸時代後期になると、勧進相撲の興行が境内で行われたこともあり、さらに参詣する者を呼んだ。

回向院ばかりでなく、明暦の大火後に、両国には交通の利便性を図るために両国橋がかかる。江戸の市中と下総《しもうさ》、現在の千葉県を結ぶ主要な街道が通っていたため、人の往来が絶えない土地でもあった。

寛保《かんぽう》二年（一七四二）、両国橋は修復工事のため通行止めになっていたが、その際、町奉行は渡し船に乗って両国の地を往来した人々の数を記録していた。現在でいえば交通調査に当たるが、江戸市中の側から、回向院方面へと船を利用した人は九千五百七十六人、逆の千葉側から江戸市中へは一万七百六人、合計すると二万二百八十二人、江戸の人口は当時百万人、現在の東京二十三区では約九百六十万人と、単純計算で約十倍になっている。現在に換算すれば、およそ二十万人の人が行き来していたことになる。渋谷《しぶや》のスクランブル交差点の交通量は、一日で五十万人ほどだという。両国橋の賑わいぶりがうかがえる。両国橋のたもとには、回向院の参拝客や行き交う人々を目当てに、見世物小屋が建っていた。

日本において、見世物小屋が大きく発展したのは江戸時代だ。奈良時代に中国から伝わった散楽は宮廷を中心に貴族たちが楽しむものだったが、鎌倉時代を経て室町時代になると、権力の中心に居座ったのは、貴族ではなく武士となる。必然的に、文化を担う者も武士、さらには商人や農民たちとなり、芸能の世俗化が進んでいった。

室町時代、戦国時代の混乱期が徳川家康《とくがわいえやす》の天下統一によって終わりを迎えると、人口も増え、荒廃していた京都などを中心に、都市が再開発されるようになる。すると、都市の外縁部にあたる河原や空き地、さらには寺社の境内などには見世物小屋が建つようになり、人々は身近な娯楽として楽しんだのだった。

朝倉無聲《あさくらむせい》は『見世物研究』（ちくま学芸文庫、二〇〇二年）で、見世物小屋の起源についてこのように記している。

〝室町時代には、未だ見世物の名目はなく、たゞ奈良朝時代に支那から傳來した散楽雑戯の流れを汲んだ幻術を初め、放下や蜘舞が時々寺社の境内に勧進せらるゝに過ぎなかつたのであるが、江戸時代となつて初めて香具職頭家に、天然奇物類の観場設置を許可せられ、見世物小屋の名目が生じたのは、実に元和偃武《げんなえんぶ》以後の事であつた。かくて放下や蜘舞の一変した手品や軽業等の伎術類から、開帳奉納飾付の影響を受けて勃興した細工物類も、亦香具師等に拠って興行せられ、終に江戸時代に於ける民衆娯楽の第一位を占めるやうになつたのである。〟

江戸時代後期、両国の見世物小屋は八文で中に入ることができた。現在の価値に換算すると、二百円ほどの値段になる。両国からほど近い石原町《いしわらちょう》は、江戸の市中で春を売った夜鷹の巣窟となっていたが、彼女たちの値段も同じくらいだった。

市中に暮らす職人たちの給料は一両で、現在の価値に換算すると十万円ほど。長屋の家賃や食費などを支払うと、ほとんど金は残らなかったが、見世物小屋は、金の心配をせずとも足を運べる娯楽として持て囃《はや》されたのだった。

見世物小屋に足を運んだのは、町民ばかりでなく、江戸に暮らした武士たちもいた。幕末、紀州藩の下級武士で江戸に勤番していた酒井《さかい》伴四郎《はんしろう》が、両国の見世物小屋を見物した時のことを日記に書き残している。万延《まんえん》元年（一八六〇）七月十六日のことである。

〝夫ゟ（より）両国橋へ行、小天窓又おめこのさねにて俵半鉦を釣り、跡ニ而（て）両人角力取、又隣に十四五之子供惣躰やせ候ニ、足はすねゟ下ハ廻り一尺斗り、足の台は長サ一尺斗、幅は五寸余、厚サ三寸斗り之者暫ク踏り、又十五六斗之女ト角力を取ル、其跡ニ而廿才斗之女玉門を出し、壱人の男はりかたを遣ふ、女腰を遣い何レも

面白し、其所ニ而白井・赤井・岡見に紛レ散々に成、皆別々ニ帰る、〃

日記に書かれた、おめこのさねとはクリトリスのことだが、おそらく女性はクリトリスではなく、女性器に何かを入れ、それを俵や半鐘と繋げて持ち上げたのではないか。その様は、ファイヤーヨーコがタンポンにチェーンをくくり付け、瓶の栓を抜いたことに通じるものがある。

今から百六十年ほど前に行われていたことが、何だか身近なものに思えてくる。果たして、どのような女性が江戸時代の花電車に携わったのだろうか。その後には、張り形を持った男が女性器にそれを入れるショーが行われたそうで、いずれも面白い、という感想を記している。張り形のショーは、昭和のストリップ劇場で行われていた天狗《てんぐ》ショーそのものである。

見世物小屋では、今日のストリップ劇場とほぼ同じことが行われていた。日記には、子どもと十五、六才の女が相撲を取ったことも記されている。これは、当時人気があった、女が視覚障害者などと相撲を取った女相撲のことだ。そのルーツも、中国の散楽にある。雑多な芸が行われていた両国に、酒井伴四郎は仲間たちと出かけたが、多くの人が詰めかけていたのだろう。皆とはぐれてしまい、ひとりで藩邸に帰っている。

私は酒井の日記を読んでから、両国界隈を訪ねてみた。見世物小屋というと、掘っ立て小屋のような小屋を想像してしまうが、実際には大勢の客を入れることができるものだった。板葺《いたぶ》きの屋根で、まわりは板囲いで覆われていたという。当然ながら、見世物小屋を取り巻いた、多くの人々がごった返した往時の雰囲気は、今はどこからも感じられないのだった。

見えないシルクロード

江戸時代に両国などの見世物小屋で行われていた花電車は、江戸ばかりではなく、京都、大坂でも行われていた可能性が高い。京都の四条《しじょう》河原で出雲阿国が歌舞伎をはじめたことからも、関西は芸事の本場といえる。

『守貞謾稿《もりさだまんこう》』という、江戸時代の風俗全般を記した書物がある。大坂で行われていた見世物についてページが割かれているのだが、そこではストリップそのものが演じられている。

〝また大坂正月十日戎には、難波官倉の辺の野辺に筵囲ひの小屋を造り、中央に床を置き、床上また胡床等を置き、若き女に紅粉を粧させ華なる古掛《うちかけ》を着せ、右の胡床に腰を掛けさせ、女の背腰以下板壁にて木戸外より女の背を見せ、髪飾り多く掛の裾を右の板壁に掛け、美女を画きて招牌を木戸上にかけ、八文ばかりの銭をとり、女の衣服裾を開き玉門を顕はし、竹筒をもつてこれを吹く時、腰を左右にふる。衆人の中これを吹きて笑はざる者には賞を出す。

右の見世もの他日は稀なり。

江戸は両国橋東に年中一、二場これあり。小屋および女の扮同前。あるひは片輪もの、因果娘、蛇遣ひの類、専ら陰門を曝して見世物とす。これまた専ら八文。

三都ともに右の女濃粧をなし、髪を飾りて背姿はなはだ美なれども、その面は醜婦多く、稀には中品の女もあり、また中より美に近きもあり。〟

大坂の場合は、両国と違い、正月に限ってストリップが行われていたことがわかる。行われていた場所は、今宮戎《えびす》神社周辺の空き地で、当時は人家も少なく、見世物小屋を建てるスペースがあったのだ。『守貞謾稿』の中には、〝専ら陰門を曝して見世物とす〟という記述がある。両国と同じく花電車と同じ芸が行われていた、と考える方が自然ではないだろうか。
『浪華百事談』にも、江戸時代に今宮戎の周辺で行われた、花電車に繋がると思われる見世物の記述がある。

〝文広田の杜の辺りに、今も小見せものはあれども、昔は「ふけ〳〵」とて、表看板は紙ぶすまの如きものに、蛇娘などの図を画きてかゝげ、其下の処に床机をおき、「ふけ〳〵吹たら百じや〳〵」といひ、踊りて客をまねき、筵もて囲ふ内には、床机を据へ、それに乞丐の女を雇ひ、面に白粉をぬり、身にうちかけを着せ、髪もかざりて腰をかけさせ、見物に火ふき竹を与へて、陰門をふかしむ。若し笑はず吹しものあれば、百文銭を褒美として出せること、甚だ醜態のことなり、田舎より来るものは、珍しとてこれを見るもの多かりし。〟

女性器に向かって息を吹きかける見世物は、「やれ吹け、それ吹け」、他には棒を使って突かせる「やれ突け、それ突け」があったという。引用した本文には、働いていた女性については、乞丐《かたい》の女を雇うと記してある。乞丐とは、物乞《ものご》いのことだ。道頓堀近くの長町には、木賃宿や無宿人たちのスラムが江戸時代には形成されていたと記したが、おそらく、十日戎の時期にそうした女たちを雇ったのだろう。

現在の花電車は、中国から飛田遊廓へと伝わったというものと、江戸時代に見世物小屋で行われていたものが明治時代になって遊廓や私娼窟などに流れていき、座敷芸のひとつとして、続いたものがあるのではないか。

東京を代表する私娼窟であった浅草、その後に賑わった玉の井などでは、演じられている花電車を見たという記録が残っている。どちらのルートにしろ、その根っこには、中東や中央アジア、ヨーロッパなどの諸芸のゆりかごとなった中国の散楽がある、と私は思う。それは、名も無き漂泊の民が何千年もの時を超えて紡いできた、見えないシルクロードだ。その終着点が、現在消えつつあるストリップ劇場なのである。

第三章　異端の芸人たちは極みに至る

コロンビア人の踊り子

ＪＲ蕨《わらび》駅前の商店街を三分ほど歩くと、看板が煙で黒ずんでいる焼き鳥屋やラーメン屋などが並ぶ、どこか昭和の匂いがする一角がある。時代が止まったかのようなその場所に、蕨ミニ劇場がある。

私はこの劇場の楽屋で、数少なくなってしまった花電車芸人のひとりに会うことになっていた。彼女の名前はゆきみ愛。

蕨ミニ劇場に足を運ぶのは、三度目になる。最初に訪れたのは、今から十年ほど前のことだった。

その時に取材をしたのは、コロンビア人の踊り子だった。拙著『ストリップの帝王』で、コロンビア人の踊り子たちが本番まな板というショーを行っていたことを記した。簡単に説明すると、劇場に詰めかけた客の男とセックスをするものだ。昭和五十年代から二〇〇〇年代始め頃までは行われていたが、今ではどこの劇場でも、もうない。そればかりか、ショーを主に担当していたコロンビアなどの南米女性、フィリピン人女性は取り締まりの対象となったこともあり、彼女たち踊り子にステージを務めさせることもタブーとなっていた。

外国人の踊り子たちには厳しい状況だったが、それでもいくつかの劇場ではステージを務めていた。そのうちのひとつが蕨ミニ劇場だ。

私は、コロンビア人の踊り子たちがどんな思いで今もステージを務めているのか知りたくて、蕨ミニ劇場に足を運んだのだった。

その日の劇場には、日本人の踊り子にまじって、ケリーという名のスペイン系の顔立ちをした踊り子がいた。

「結婚もしていて家族がいるので、毎月ステージに立っているわけではありませんが、コロンビアにお金を送りたいのでこの仕事をしています」

二、三万円の現金を毎月コロンビアへ送っているという。コロンビアに暮らすケリーの家族には、貴重な現金だ。慢性的に失業率が高いコロンビアでは、大学を卒業しても満足に仕事が見つからない。ケリーも大卒だが、仕事が見つからずに日本に来たという。そして今の夫と出会った。ただ、どのように出会ったのかについては言葉を濁した。

彼女は在留資格も得ているので、働こうと思えば、わざわざ裸を晒《さら》すストリップ以外の仕事もできる。なぜストリップをしているのか。

「弁当工場などで働いて、いろいろな仕事をやってみたけれど、いずれも大変でした。ストリップ劇場は、それらに比べれば気楽に働けるんですよ」

南米やフィリピンの踊り子は、かつては騙《だま》されて連れて来られた女性も少なくなかった。ストリップ劇場の壁に、「日本人のバカ」といった落書きを見かけたこともある。それに対して、彼女にはひと昔前の外国人ストリッパーのような悲愴《ひそう》感は微塵《みじん》も無い。もちろん、しつこいストーカーの客につきまとわれたりするなど、仕事上の悩みはあるだろうが、それはどんな仕事にもつきものだ。

一日のすべてのステージを終えた午後九時に楽屋を訪ねると、同じステージに立っていたコロンビア人とケリーが楽し気に話していた。彼女たちはスペイン語で話しているので、何を話しているかはわからない。もうひとりのコロンビア人はパソコンを持ち込んでいて、話の合間にコロンビアの家族とチャットをしていた。

彼女たちが近くにあるメキシコレストランで食事を取るというので同行した。

メキシコ人の店員がいるその店は、彼女たちにとって憩いの場なのだ。いろいろと話を聞きたかったが、彼女たちは楽屋にいた時よりも熱心に話しだす。これでは話に割り込むことはできないと思い、静かに肉料理とタコスを食べ続けた。

一時間ほど、彼女たちのスペイン語に耳を傾けたあと、私たちは終電の時間が来たので店を出た。
「おやすみなさい。またね」
彼女はそう言うと、駅の方へ小走りで向かっていった。

ストリップだけを生業にして劇場を回る花電車芸人

当時を思い返しながら蕨ミニ劇場の薄暗い階段をのぼっていくと、今日出演している踊り子の顔写真が貼ってあるものの、そこに外国人の写真はなかった。すべて日本人の踊り子である。

本番まな板ショーを例に出すまでもなく、ストリップ劇場のショーは、時代の移り変わりが激しい。それゆえに、踊り子たちは日夜努力して振り付けを覚え、懸命に客を楽しませようとしている。一方、花電車芸はストリップがこの日本で産声を上げた頃から、演目が大きく変わることはなかった。そして、日本ばかりでなく、ファイヤーヨーコと訪ねたバンコクなどでも演じられ続けている。果たして、この息の長さの理由は何なのだろうか。

女性器を使う、男には決して真似のできない芸という点が、シンプルであるがゆえに、一層男たちの心を捉《とら》えて離さないのだろうか。

蛇がトグロを巻いたような、曲がりくねった階段を上がっていくと、途中に受付がある。

「いらっしゃいませ」

スマホに目をやっていた男性従業員が、顔を上げて声をかけてきた。私が取材で来た旨を告げると、再びスマホに目をやり、「上へどうぞ」と手で合図する。

三階が楽屋となっているが、蕨ミニという名前だけあって、楽屋は狭い。この日は五人の踊り子がステージを務めていたが、ステージにいるひとりをのぞいた四人の踊り子で楽屋の中はいっぱいだった。

入り口近くにいた踊り子に「ゆきみ愛さんの取材で来ました」と告げると、彼女は「今ステージなので、ちょっと待ってください」と言った。楽屋の外で待とうかと思ったら、「中へどうぞ」という。

楽屋にいた踊り子は、三人が二十代と思《おぼ》しき若い踊り子だった。男がひとり紛れ込んでいようが、ルーティンなのだろう。何のためらいもなくガウンを脱いで裸体を晒し、楽屋の片隅に座っている私の目の前を通り過ぎていく。

目のやり場に困っていると、私の斜め前で化粧をしていた踊り子が「どうぞ」と、座布団を差し出してくれた。心遣いが嬉《うれ》しい。

十五分ほど待っただろうか。

「お待たせしてすいませんでした。ちょっと時間がずれてしまったんで、遅くなってしまいました。はじめまして、ゆきみです」

彼女は丁寧な口調で言いながら楽屋へと入ってきた。

名刺を渡して挨拶《あいさつ》をすると、改めて花電車芸について取材を続けていること、数少なくなってしまった花電車芸人の踊り子の記録を残しておきたいことを伝えた。

「もう、花電車をやる人はほとんどいないんじゃないでしょうか。定期的に劇場で披露しているのは、私だけかもしれません」

私はその言葉にハッとさせられた。言われてみれば、第一人者のファイヤーヨーコも、以前のようにコンスタントに劇場に立ち続けているわけではない。彼女は、現在は女性の尿漏れなどを解消するセミナーや様々なイベントを中心に動いており、ストリップ劇場の花電車芸だけで生活しているわけではないのだ。

ストリップだけを生業《なりわい》にしながら劇場を回っている花電車芸人は彼女を除いてもういない、という言葉はとてつもなく重かった。

文献なり、様々な土地を歩くことで目にしてきた花電車芸が頭をよぎった。令和の時代に入り、ストリップ劇場における花電車芸はいよいよ最後の時を迎えつつあるのだ。

少々大げさすぎるかもしれないが、埼玉の小さなストリップ劇場の楽屋で、芸能史の一ページに関わる話を私はこれから聞こうとしている。華やかな楽屋の中で、ぴりっとした気持ちでまっさらなノートを開いた。

「ゆきみさんがそもそもストリップをやったきっかけは何だったんですか？」

「二十歳《はたち》の時に、渋谷《しぶや》駅の構内で声を掛けられたんです。その頃はバイトを掛け持ちしていて、ラウンジの仕事が新宿《しんじゅく》であったので向かっていたところ、スカウトの男の人に『今日、いくらもらえるの？』って聞かれたんです。ちょうどお金が欲しかった時期だったので、その言葉につられてしまって。近くにあった事務所を訪ねると、『ストリップをやってみない』と言われました。とりあえず見学してみればということになり、もう今は無いですが、事務所の人と大阪の十三ミュージックに行きました」

「最初の印象はどうでしたか？」

「劇場はおじさんたちで満員でした。お姐《ねえ》さんたちがポラやオープンショーをやっていたのを覚えています。あなたもやってみたらと、見学だけのつもりが二曲振り付けられて、ステージに出されてしまったんです。ステージを終えて楽屋に戻って来たら、東京から一緒に来た事務所の人がいなくなっていた。初めっから仕組まれていたのかもしれませんね。お姐さんたちがいい人で、楽しかったからよかったですが。誘拐されたようなものでした」

「演じていて、楽しく感じたことは何だったんですか？」

「おじさんたちの表情でしょうか。何人もの男の人が、真剣な表情で見ているんですよ。あの表情は、日常生活の中では見たことがなかった。それが凄《すご》く新鮮で、面白いなと」

「すぐにデビューしたんですか？」

「そうですね。見学に行った翌週にはデビューしていました。お客さんの表情を含めて、劇場の熱気が当時は凄かったですから。金銭的な魅力もありましたが、ストリップという仕事に抵抗をあまり感じなかったんです」

「デビューする前に、ストリップと何かしら縁はあったんですか？」

「埼玉の朝霞《あさか》に住んでいたことがあり、外人のお姉さんがいっぱいいる街だと思っていました。ストリップ劇場があるのは知っていましたが、何かの機会にたまたま劇場の看板を見ていたら、外人さんの写真が貼ってあったんです。その時、劇場の従業員さんだと思いますが、『うちは日本人はいないから、もしストリップをやりたいなら他の劇場を紹介するよ』と、言われたことがあります。確か、劇場の名前は朝霞コマ劇だったと思います」

とんでもない偶然に、私はどきりとせずにいられなかった。朝霞コマ劇は、「ストリップの帝王」こと瀧口義弘《たきぐちよしひろ》が経営していた劇場だった。そして、彼の息子も従業員として働き、主に受付で客の呼び込みなどをしていた。もしかしたら、ゆきみに声をかけたのは瀧口の息子だったのかもしれない。

当時、朝霞コマ劇では、外国人の踊り子が本番まな板ショーを行っていた。そのショーは、これはあくまでも私の見解だが、花電車とは対極にあるものといってよいだろう。客と踊り子のセックスを晒すショーは、ストリップ劇場を芸の道から乖離《かいり》させ、性欲を発散させるだけの場所に貶《おとし》めた。

過激なショーは人気を呼んだが、のちに警察の摘発の対象となり、劇場側は本番まな板ショーから手を引かざるを得なくなった。劇薬のようなショーの消滅は、ストリップが衰退する一因となった。

「コインを一枚一枚、アソコから出していくんですよ」

思わぬ話に触発され、話が少々それてしまった。

「デビュー当時の劇場は、連日盛況だったんですよね？」

「そうですね。人気のある小屋でした。どこの劇場も昔はそうでしたが、連日満員でお客さんの入れ替えもありましたからね」

「何がきっかけで花電車をやりはじめたんですか？」

「デビューして一ヶ月か二ヶ月が過ぎた頃だったと思います。まだまだ新人の時でした。もう無くなってしまいましたが、愛知県の岡崎《おかざき》に、岡崎銀映という劇場があったんです。楽屋で準備をしていると、あるお姐さんがステージに立っている時だけ、ステージの方からお客さんの笑い声が聞こえてきて、何だか楽しそうだなと。今でもそうですけど、ストリップには、他の踊り子さんのステージは勝手に見てはいけないという暗黙のルールがあります。それは最初にきっちり叩《たた》き込まれていました。それでも、大きな笑い声が聞こえてくるステージなんて初めてのことだったので、お姐さんのステージをこっそりと眺めたんです。岡崎銀映は、ちょうど二階からステージを見下ろせる場所があったのも幸いしました。そこで演じられていたのが、リンゴを切る花電車でした」

「それまで花電車は知らなかったんですか？」

「そんな芸があるとは知りませんでした。だから、びっくりしましたね。やっていたのは、引退してしまいましたが、ありさゆき姐さんという方でした。すぐに楽屋でこっそり見てしまったことを姐さんにお詫《わ》びして、ぜひ私もやりたい、と思いを伝えたんです。そうしたら、おもちゃのラッパを渡されました」

「ラッパですか。それはどういう意味だったんですか？」

「ラッパをアソコで吹くことができれば、まずは第一関門合格ということです。当時は、花電車をやりたい、と姐さんに声を掛けてくる女の子が少なくなかったそうです。本人にやる気があるかどうかを確認する意味と、ラッパが吹けるようになれば、他の芸もやることができるため、ラッパが吹けるようになったらまたいらっしゃい、ということですね」

「ゆきみさんはどれくらいで吹けたんですか？」

「花電車に向いていたのかもしれませんが、その日のステージを終えてやってみたところ、その晩のうちには吹けるようになっていました」

「中にはラッパで挫折《ざせつ》する人もいるわけですよね？」

「そうだと思います。私はすぐに吹くことができて、ラッパの芸は、その二日後ぐらいにはステージで披露していました」

「それから、主に花電車をやっていくようになったんですか？」

「そうです。デビューしたのは一九九〇年代のことで、劇場も踊り子も、現在とは比べ物にならないくらい多かったですから、どんどん演じる機会を持つことができ、技を磨いていったんです」

「どこの劇場が多かったんですか？」

「芦《あ》原《わら》、道後《どうご》、山代《やましろ》、伊香保《いかほ》など、温泉場が多かったと思います。関東の劇場だと花電車を知らないお客さんもいたので、関西の方がやりやすかったですね」

「当時は、花電車をやる踊り子さんは多かったんですか？」

「十人ぐらいの踊り子さんが、花電車で全国の劇場を回っていたと思います」

「踊り子さんが多かった時代とはいえ、十人ぐらいしかいなかったんですね。その中で印象に残っている踊り子さんはいますか？」

「すみさくら姐さんです」

「即答ですね。どこが凄かったんですか？」

「コインを一枚一枚、アソコから出していくんですよ。彼女の芸は力任せではないんです。私も挑戦してみましたが、何枚かまとまって出てしまって、一枚ずつ出すことはできませんでした。もう十五年ぐらい前になりますかね。今度コツを教えてあげる、と言われたんですが、知らない間に引退してしまいました。コインを出す芸は習得したかったですね」

「コインを出す芸は、ストリップの世界では失われてしまったんでしょうか？」

「もうやれる人はいないと思います。他にも金魚を出す、お客さんに白か黒か言ってもらってから、言われた方の碁石を出すなんて芸もありました」

「碁石ですか。白と黒、どう選び分けて出すんですか？」

「こればっかりはやったことがないので、想像がつきませんね」

「ご自身がレパートリーとしている芸には、どのようなものがありますか？」

「ラッパ、鍵盤ハーモニカを吹く、吹き矢、タバコを吸う、リンゴを切るといったところでしょうか。習字もやりますが、字は難しい。私は書道をやっていなかったから、下で書いても下手なんです。やっぱり書道をやっている人は、下で書いてもうまいんですよ」

「ちなみにリンゴを切るとは、どのようにやるんですか？」

「まずタコ糸をリンゴに巻いて、そのタコ糸の先をタンポンに結び、お客さんにリンゴを持ってもらって引っ張るんです」

「花電車をやるうえで大変なことは何ですか？」

「鍵盤ハーモニカを吹く時は、呼吸を止めないといけないので苦しくなりますね。それと、芸を見せているだけでは時間が持たないので、お客さんと話して場を持たせるのがけっこう大変です。花電車を知っている関西の劇場では、それなりに盛り上がってくれるんですけど、関東だとお客さんがそもそも私が何をやっているのか理解できずに、シーンと静まり返ってしまうことがあるんです」

芸人としてのプライド

デビュー当時には、十人はいたという花電車芸人だが、ひとりずつ減っていき、コンスタントに劇場で芸を披露しているのは、今ではゆきみひとりとなってしまったという。花電車芸人が減っていった理由は何だったのか。

「十五年くらい前からでしょうか。お客さんがお金を払って、踊り子のポラロイド写真を撮るポラが優先されるようになっていったんです。少しでも劇場に現金を落とすことが大事になってきました。踊り子は、芸を披露しているだけでは駄目な時代になったんです。

特に温泉場の劇場は、はっきりとわかるぐらいお客さんが入んなくなっていきました。社員旅行がなくなり、会社の経費も使えなくなっていった。お客さんのお金の使い方ががらっと変わってしまいました。それまでは、吹き矢で風船を一発で割ったら、一万円をチップとして渡してくれるお客さんがどこの劇場にもいましたが、ここ十年は一万円札を見ていません。お札の色が変わってしまいました」

「他にも思い当たることはありますか？」

「花電車をやる踊り子さんは、道具代も余計にかかるんです。リンゴや風船などの備品に、手伝ってくれたお客さんへのドリンクサービスをしていると、十日で最低三万円は余計に掛かります。それを考慮して、花電車の人は他の踊り子さんよりはもともとギャラが高いんです。ギャラは高い、ポラロイドをやらないとなると、お客さんも入らない昨今、劇場側は、花電車の踊り子のせるのに二の足を踏んでしまいますよね」

「ポラロイドが優先されるのは仕方がないことかもしれませんが、何だか寂しい話ですね」

「私がデビューした頃は、いろいろな芸をする踊り子さんがいて楽しかったですね。花電車だけでなく、ＳＭショー、白黒ショーがあり、アイドルさんもいる。今はポラだけになってしまいました。新人の女の子には、花電車を知らない人もいますからね」

「花電車芸人の方に厳しい状況が続きますが、新たに花電車をやってみたいという方はいないんですか？」

「これまで、三人ぐらい教えてほしいと言って来たでしょうか。でも、みんなラッパで挫折してしまいました」

「花電車芸人になるのは、ハードルが高いんですね。ゆきみさんにとって花電車とは何でしょうか？」

「他の踊り子さんができないことをやっている、そのプライドは持っています。花電車に出会っていなかったら、これほど長くストリップをやることはなく、とっくに引退していたと思います。いつまで花電車をやれるのかわかりませんが、やれる限りはやりたい。街場の劇場に、お客さんが一気に増えることはもうないと思いますが、温泉場だと、まだ季節によってはお客さんでいっぱいになる劇場があります。そうした場所で続けていければ」

インタビューを終えて劇場の外に出ると、以前訪ねた時には劇場の横にあったカレー屋が、違う店になっていることに気がついた。芸事ばかりでなく、商売であっても世の中の変化は速く、ひとつのことを続けていくのは難しい。

ゆきみ愛は、二十年以上にわたって花電車を続けてきた。ストリップ劇場という、陽の当たらない場所でコツコツと積み上げてきた年月の長さに、敬意を抱かずにはいられなかった。彼女が少しでも長く、花電車を続けていけることを願わずにはいられない。

外人ショーと金髪ショー

日本におけるストリップのはじまりは、戦後の新宿帝都座で行われた額縁ショーにあることが定説となっている。一方、女性の体を使った芸は、文献に残る記録としては江戸時代の江戸や大坂、名古屋などの都市に設置されていた見世物小屋にあるといっていいだろう。

第二章で触れたが、花電車芸は見世物小屋にルーツがある。私が取材してきたストリップの世界には、花電車芸ではないが、心に強く残る芸を披露する芸人がいて、それはさながら見世物小屋のような雰囲気を醸し出していた。この場を借りて、是非とも紹介させてもらいたい。

暁光《あかつきひかる》という踊り子がいた。彼女のステージを初めて見たのは横浜の黄金《こがね》劇場で、今から十年ほど前のことだ。ちなみに、黄金劇場は二〇一一年に摘発に遭い、今では営業していない。

その頃の私は、時間ができると取材対象がいなくても黄金劇場に足を運び、ステージを眺めたり、照明室に入ってスタッフの男性と雑談したりしながら、劇場に流れている空気に触れていた。

発表の当てもない、劇場にとって何のメリットも無い取材であった。そんなことが許されたのは、元踊り子で、黄金劇場のママを務めていた島根和子《しまねかずこ》の懐の深さがあったからだった。初対面にもかかわらず、私の素性や取材内容を詮索《せんさく》することもなく、「好きに出入りしてええよ」と、二つ返事で取材を許してくれた。それから、私は言葉に甘えて、劇場に入り浸っていた。

島根が現役の踊り子時代には、くすっと笑ってしまうようなショーをやっていた。ゆきみ愛が言っていた、様々なストリップが演じられていた古き良き時代を生きていたのが島根和子だ。時代は昭和四十年代、まだまだアメリカへのコンプレックスが強く日本に残りヌードに関しても白人の裸を見たいという願望が、日本人の男たちには強くあった。その心情を利用したものに外人ショーがある。

日本のストリップは、戦後すぐに本格的に演じられるようになり、燎原《りょうげん》の火の如く全国に広がっていったが、昭和三十年代には、アメリカから踊り子を呼ぶことも行われていた。

日本人にとって、白人のヌードは珍しい時代ということもあり、大人気の演目となった。

ただ、踊り子たちの質は低かったという。踊りの技術は求められず、ただ裸を見せるだけのものだったそうだ。踊り子の白人たちは、手軽に稼げるとあって、次から次へと来日するようになる。

白人ブームは、長くは続かなかった。プロモーターが積極的に動かなくなっていったのだ。その理由は主に二つある。ひとつは、彼女たちにかかる経費だ。円安ドル高の時代、航空券とギャラで、ひとりの踊り子を呼ぶのに三百万は必要だった。もうひとつは、『プレイボーイ』などの雑誌でアメリカ人のヌードが簡単に見ることができるようになり、特別なものでなくなったことだ。

白人の踊り子はいなくなり、白人のヌードも珍しいものではなくなった。そのような中、日本人の踊り子がジャネットなどの洋名を名乗り、髪の毛を金髪に染め、白人を真似たショーがあった。外人ショーである。コントのような話だが、そのショーが意外にも人気を呼び、踊り子のギャラは高騰し、外人ショーをする踊り子のギャラは三倍にもなったという。

あまりの人気ぶりに踊り子が不足し、誰かれかまわず、胴長短足の日本人体形の踊り子たちも演じるような事態となっていった。

さすがに、外人とは似ても似つかない踊り子が演じるようになると、客から苦情が出るようになり、外人ショーではなく金髪ショーと呼ばれるようになった。

その金髪ショーをやっていたのが、島根和子だ。彼女の姿は胴長の日本人体形で、すらりと足が伸びた白人のスタイルとは似ても似つかない。往時の金髪ショーの狂騒を感じさせる。

さて、その大らかで愛嬌《あいきょう》のある島根が取り仕切っている劇場のため、黄金劇場には、他の劇場では見ることができないような踊り子たちが少なくなかった。そのひとりが暁光だった。

「母親は父親に殺されました」

その日もいつものように黄金劇場へと足を運び、劇場の入り口にいた島根に「こんにちは」と挨拶をすると、島根が言った。

「ちょっと変わったのが今週はのってるで。ニューハーフの子や。見たことないやろうから、ゆっくり見てってな」

ニューハーフの踊り子を見るのは初めてだった。演技よりも、アソコがどうなっているのかが気になってしまった。

観音開きの扉を開けると、ちょうどひとりの踊り子の演技が終わったところだった。中を見渡すと、薄暗い劇場内は相変わらず閑古鳥が鳴いていて、客は私を含めて三人しかいなかった。

照明室にいるスタッフにも挨拶をして客席に着くと、いきなり激しいロックが流れた。赤い浴衣《ゆかた》を着て登場したのが暁光だった。

踊りはお世辞にもうまくなく、手足の動きはぎこちない。そして、胸は見るからに人工の膨らみが目立つ。うまい踊りと若々しい女の裸を期待してこの場所に足を運んだ客がいれば、がっくりくることだろう。だが、私からしてみれば、既存のストリップにはない魅力を感じずにはいられなかった。

ダンスを終えると、ステージ上に吊《つ》るされたロープに彼女は首をかけた。その様は、擬似首吊り自殺そのものだった。白目を剝《む》いた表情には、鬼気迫るものがある。

ニューハーフという彼女の生き様がステージに反映されていることは、間違いない。ステージの最後には、オープンショーという女性器を晒す演目がある。彼女は男として生まれたものの、男性器を切り落とし、そこに人工の女性器をはめこんでいた。

彼女が行っていたのは裸ではなく、心を曝《さら》け出すストリップだ。彼女のストリップには、心の葛藤《かっとう》や死の匂いが濃厚に漂っていた。それを直接的に何の飾りもなく容赦なく客に向けている。

ステージを見終えると、すぐに楽屋へと向かった。畳敷きの楽屋で彼女はタバコを吹かしていた。

「今まで見たこともなかったステージでした。なぜ、暁さんはこのようなステージをするのか、是非とも話を聞いてみたいと思いました。お時間をいただけないでしょうか？」

「もちろんいいですよ。何でも話します。あなたの目を見ていると、しっかりとした取材をしてくれそうな気がします」

取材を受けてくれただけでなく、彼女は初対面の私にそのような言葉を掛けてくれたのだった。

まず生い立ちから話を聞きはじめたものの、彼女は私の想像を超える経験をしていた。

「私は秋田県の出身です。妹がひとりいて、父はスーツを仕立てるテーラーをしていましたが、小児麻痺《まひ》の影響で、松葉杖《まつばづえ》なしでは歩けませんでした。家の近くには米代川《よねしろがわ》が流れていて、畠山鈴香《はたけやますずか》の家は、確か実家の近くだったと思います。日本一自殺が多い土地です。

暗い話ですみません。

家では五十羽ぐらいニワトリを放し飼いにして、犬や猫も飼っていたため、身の回りには動物がたくさんいる環境でした。私が小学校に入る前から、テーラーの経営がうまくいかなくなり、母が外に働きに出るようになったんです」

「お母さんはどんな仕事をしていたんですか？」

「旅館で働きはじめたんです。父が障害を抱えていたので、ストレスもあったと思います。そのうちに、仕事先で男ができて、離婚するしないの話になりました。

家族を置いて出て行こうとした母に、父が覆いかぶさって、その首に手をかけたんです。父に『やめてけれ、やめてけれ』と、母は泣きじゃくって叫んでいましたが、しばらくすると動かなくなりました。母は父に殺されたんです」

「それは物凄く重い経験ですね」

「人間って、こんな簡単に死ねちゃうんだと思いました。それからですね。人間は誰でも死ぬ、ということを意識しはじめたんです。どうやったら死ねるか、という自殺願望も芽生えて、毎日死にたいと思うようになりました。

今も思うんですよね。母はなんで父に抵抗しなかったのかなって。だって父は重度の身体障害者ですから、払いのけようと思えばできたはずなんです。それでもしなかった。彼女の中で、父に対して申し訳ないという思いと、自殺願望のようなものがあったのかもしれません」

小学校一年生にして、母親のどこか不自然な死を眼の当たりにし、死が常に頭の片隅にこびりつくようになった暁光。彼女がストリップ劇場の演目とは思えない首吊り芸をやるのは、母親の死がひとつの理由だったのだ。

「父は殺人で、十年一ヶ月の実刑判決を受けました。母が殺されるところを目撃していたのは私だけしかいませんでしたから、裁判でも証言台に立ったんです。裁判の日は、警察がジープで迎えに来たのを覚えています。検事に『思ったことを正直に伝えなさい』と言われて、母が首を絞められた様子などを話しました。

裁判の前には葬儀の喪主もやりましたよ。小雨が降っていた日のことで、骨壺《こつつぼ》を抱えて歩いたことと、柩《ひつぎ》の中を見たことを覚えています。柩が高いところにあって、『見るか』と親戚《しんせき》のおばちゃんに抱っこされて中を覗《のぞ》いたら、顔は何だか別人みたいになっていて、母とは思えなかった」

「お母さんはどんな人だったんですか？」

「もう朧《おぼろ》げになってきてしまっていますが、いつもニコニコしていて、明るい人だったですよ。そういう人だったから、浮気ぐせがあったんじゃないでしょうか。父は体が不自由だったし、母に逃げられたら何にもできない。事件が起きてしまったのは、仕方ない面もあったと思います。どちらのことも恨んでいませんよ」

「お父さんは逮捕され、その後どのように暮らしたんですか？」

「おばあちゃんと一緒に暮らしたんです。おばあちゃんの年金だけが頼りで、すぐに働かないといけないと思っていました」

「何歳ぐらいから、性別に対する揺らぎが芽生えたんですか？」

「小学校の高学年から中学にかけてですかね。女になりたいという思いが強くなっていったんです。初体験の相手も、中学校の裏番長でした。しょっちゅう一緒に遊んでいて、裏番の部屋で一緒に泊まったりしているうちに、手で相手のペニスをしごいてあげたり、口でしてあげたりしたんです。アナルを使った時は、強烈な痛みでしたね」

「理由をあげるのは難しいと思うんですが、女性になりたいと思ったきっかけは何だったんでしょうか？」

「何か血なんじゃないでしょうか。女になりたいという気持ちになったこともあれば、男でいたいなという気にもなるんです。いつもふらふらしている。母が亡くなり、イジメられたりしたことで、歪《ゆが》んだことも理由になるのかもしれません」

「胸の手術とペニスを切ったのは結婚後なんですよ」

母親の死、女になりたいという願望。複雑な思春期を過ごした暁光は、中学卒業後に秋田を出た。刑務所にいる父親の代わりに面倒を見てくれていた祖母は、年金暮らしであり、これ以上負担をかけるわけにはいかなかったのだ。

最寄りの駅で、同級生の見送りを受けながらの旅立ちだった。

「田舎は狭い社会だから、いろいろと事件のことを噂されたりするんですよ。だから、東京に行く時は不安もありましたが、新しい所で羽ばたきたいという希望が大きかったですね」

「東京ではどのような生活だったんですか？」

「製版会社に就職しました。江戸川《えどがわ》区にある定時制高校に通って、夜はその世界で有名な新宿二丁目でアルバイトをしました。結局、高校を卒業するのに五年かかりました」

ここまで話すと、彼女が思いもしないことを打ち明けた。

「実は結婚していて、ひとり息子もいるんです。今も妻と息子の三人で暮らしています。胸の手術とペニスを切ったのは結婚後なんですよ」

「それは何とも凄い話ですね。バイセクシャルということですね。そもそも奥さんと出会ったきっかけは何だったんですか？」

「私はお酒が好きなので、飲み歩いていた時に入ったスナックで、嫁がアルバイトをしていたんです。それから仲良くなり、『ウーパールーパーを飼っているから見に来ない』と嫁に誘われたのが付き合うきっかけになりました。付き合ううちに、何のためか忘れてしまいましたが、嫁から十円を借りたことがあり、しばらくして返したんです。そのことで、嫁は私を信用できる人間だと思ったようです。結婚する時にはバイセクシャルと打ち明けていましたから、この姿は許容範囲なのかもしれません。

ただ、ペニスを切り落としたことは伝えていません。もう嫁と肉体関係はないので、こちらから伝えない限り、死ぬまでわからないと思います」

「お子さんとはどのような関係なんですか？」

「家では『お父ちゃん』と息子に呼ばれていて、今でも食卓を囲みますし、たまにハーレーに乗せたりしていますよ。ただ、息子の友達が家に来た時には、絶対に見られないようにしています。私の姿に関して、息子からは特に何も言われることはないですね」

「奥さんとはうまくいっているんですね？」

「そういうわけでもないですよ。たまに、離婚について話したりもします。私は自分を壊し続けていますから、離婚されることは覚悟のうえなんですが、別れてないんです。これから先はわからないですけどね」

「人工の胸を作ったのはいつなんですか？」

「結婚後、しばらく経ってからのことですね。付き合っていた、妻とは違う女性に女になりたいと打ち明けると、手術代をぽんと出してくれたんです。ペニスの手術代も、その女性が出してくれました。手術代は高額ですから、彼女と出会っていなければ、手術をすることはなかったかもしれません」

「暁さんの人生のターニングポイントには、必ず女性がいますね。手術代を出してくれた女性はどんな方だったんですか？」

「音楽が好きな人で、私は男としてその人と関係を持っていたんです。その人はとんでもなくお金を持っていた。保険金をかけていた旦那《だんな》さんが亡くなって、莫大《ばくだい》な金が入ってきたと言ってました。当時、胸の手術は六十五万円でした」

「性転換の手術は、そう簡単にはできないですよね？」

「カウンセリングを何回か受けました。お医者さんからは、あなたが幸せになるとは限らない、三割が自殺していますよと言われましたが、『死んでもいいから受けたい』と伝えました。おっぱいを入れた時は、めっちゃ痛かったですね。ペニスを切った時には、一週間飲まず食わずで座ることもできず、ずっと横になっていました」

「胸に関しては奥さんがご存知とのことですが、それを見て何か言われましたか？」

「『これで稼いできなさいよ』と言ってましたね」

「実際に、ストリップをやる前はどんな仕事をしていたんですか？」

「今もストリップと同時進行でやっていますが、ファッションヘルスで働いています。ひとり相手にすると、一万五千円もらえます。私はそんなに稼いでいませんが、ストリップ劇場はコンスタントに呼んでもらえるわけではないので、ヘルスの仕事は重要ですね。一応父親ですから、お金を毎月家に入れないといけません」

「ストリップにデビューして、どれくらいになるんですか？」

「ちょうど一年ぐらいです。もともと露出狂なんで、もの凄く性に合っています。快感なんですよ。ステージに立つと、イク時の感覚と同じですね」

「見せていただいた首吊りのショーは、やはりご自身やお母さんの姿が投影されているわけですか？」

「私の自殺願望を表現したのが、首吊りというかギロチンショーです。先ほど話しましたが、母が亡くなってから自殺願望を持つようになり、今でも一日に四回は死にたいな、と思うんです。その思いを表現したものになります」

「私の知っている人にも、暁さんと同じようにペニスを切った人がいますが、その人は後悔していました。暁さんはどうですか？」

「後悔はないですね。ただ、あっても問題はなかったかなとも思います。立ち小便ができなくなって不便なんですよ。今でもホルモン投与を受けていて、時に不安になることはあります。何の不安かわかりませんが、鬱《うつ》になる時もあります。だけど、それは悪いことではなく、いい詩が浮かんできたりするんですよ」

私たちは楽屋で話を終えると、腹が空《す》いたこともあり、近くのラーメン屋に足を運んだ。

その店は豚骨ラーメンの店で、暁はよく来るのだという。カウンターに座ってラーメンを頬張る姿は、トラックの運転手か、近くで道路工事をしている労働者のような雰囲気を漂わせていた。彼女の中には、まだまだ男の一面が残されているのだと思った。

芸の極致

家庭を持っているにもかかわらず、ペニスを切って女になりたいという気持ちに忠実に生きる彼女は、常に葛藤を抱いて人生を送っている。

日常生活では解き放つことができない思いを、彼女はストリップ劇場のステージで芸術作品として人々に晒している。そう考えると、彼女にとってストリップ劇場は生命維持装置ともいえる。

ギロチンショーを行うステージ上の彼女の姿は、正しく、これから死のうとしている彼女のように見える。さらには、小学校一年生の時に母親の首を絞めた父親の顔であり、死を抵抗することなく受け入れた母親の姿でもある。彼女が感じた死の匂いが、ごちゃまぜになっているのだ。

暁光のストリップは、得体の知れない人間という生き物の姿をくっきりと浮かび上がらせている。

その芸は、人生を晒す見世物そのものだ。

第四章　ストリッパーたちは見た

世の中の片隅で人々の心をとらえ続けてきた芸

花電車芸人たちは主にストリップ劇場を舞台として芸を披露してきたが、劇場には数多《あまた》のストリッパーたちがいた。中には、日本だけでなく海外にまで飛び出し、踊り続けた者もいる。前章に続いて、私が出会った踊り子たちの中でも、心に残るストリッパーたちを紹介したい。

テレビで映される芸でもなく、伝統芸能として称賛され、国から保護される芸でもない。だが、世の中の片隅で人々の心をとらえ続けてきた庶民の芸。それはどのような女性たちによって演じられてきたのかを示しておきたいのだ。

ストリップ劇場の楽屋で過ごした子ども時代

親子何代にもわたる芸の道として、歌舞伎役者は良く例にあげられるが、親子二代のストリッパーも存在する。

母親の後を追うようにストリッパーとなった女性と出会ったのは、横浜にあった黄金《こがね》劇場だった。黄金劇場を訪ねた際に、ママの島根《しまね》和子《かずこ》がふとつぶやいた。

「今週のっている乙姫《おとひめ》くるみは、お母さんもストリッパーだったんやで、よかったら取材してみたら面白いんちゃう」

すぐに取材したいと伝えると、島根が間を取り持ってくれた。

後日、黄金劇場の二階にある昔ながらの畳敷き大部屋の楽屋を訪ねると、出番を待つ踊り子たちの姿があった。ひとりの踊り子が鏡の前でポラロイド写真にサインを書いていた。それが乙姫くるみだった。

「よろしくお願いします」

私が挨拶《あいさつ》をすると、彼女は一瞬、サインをする手を休めて「よろしくね」と軽く会釈をした。

幼少期を通じてストリップと関わってきたこともあるのだろうか、彼女の仕草からは貫《かん》禄《ろく》が漂っていた。

この日は奇《く》しくも、黄金劇場所属の踊り子である麻美璃歌子《まみりかこ》が、三歳の娘を楽屋に連れて来ていた。璃歌子がステージに出ている時には、子どもの世話を出番を控えた踊り子たちがしていた。楽屋には、ストリップ劇場らしからぬ子どもをあやすための風船や人形が置かれていたのだった。

楽屋で無邪気に遊んでいる璃歌子の娘ぐらいの年の頃、乙姫くるみは母親に連れられ、全国各地にあったストリップ劇場を回り、楽屋で過ごしていた。璃歌子は劇場から近い場所に暮らし、基本的に黄金劇場を中心に活動をしていることから、他の劇場へと娘を連れ出すことはないが、乙姫の場合は劇場が保育園や幼稚園代わりだった。

「そうね。このぐらいの年齢だったんじゃないかな。私が劇場の楽屋を走り回っていたのは。懐かしいよね」

サインする手を休めて彼女は言った。二十歳《はたち》でデビューをしてから、芸歴は二十年以上になる。ストリップ業界の酸いも甘いも噛《か》み分けてきたことだろう。

幼い頃、母親に連れられてストリップ劇場を回った時のことを改めて尋ねてみた。彼女はすぐに言葉を発することはなく、心なしか目を細めた。朧《おぼろ》げとなってしまった記憶の糸を懸命に手繰りよせているように思えた。

「やっぱり、三歳ぐらいだったんじゃないかなぁ」

記憶を確認するように、先ほどと同じニュアンスの言葉を繰り返してから、ゆっくりと話しはじめた。

「昔はね、子連れのストリッパーは多かったわよ。私だけじゃなくて、楽屋に子どもが何人もいたものよ。みんなで一緒に遊んだの」

「印象に残っている子はいましたか？」

「特にいないわね。だって、知っていると思うけど、十日でまた別の場所に行くわけだから『またね』って別れたら、それっきりってことも多いでしょう。だから、いちいち覚えていないのよ」

　彼女や楽屋で過ごした子どもたちのことを思うと、何とも言えない感慨にとらわれていた。私と昭和四十年代生まれの乙姫は同年代である。その時代に幼稚園にも通わず、いわば大多数の子どもが経験する日常とは違った時を過ごした者たちがいたのだ。

　現在の日本では、親の都合でそのような生き方をする子どもなど、ほとんどいないだろう。今から約四十年前の昭和という時代が持っていた社会の緩さというか、多様な生き方をすることが許された時代の雰囲気を感じる。

親子二代のストリッパーになる

「楽屋の生活で思い出すことはありますか？」

「当時はまだ、獣姦《じゅうかん》ショーもやってたのよ」

「それは凄《すご》い時代ですね。そのようなショーがあったとは聞いていますが、ご存知なんですね」

「そうね。楽屋の裏にポニーがいたり、犬がいたりしたのよ。こっちは、子どもだから、可愛いってなるじゃない。当時はそんなショーのことは知らないし、知ったのはこの業界に入ってからだから。それで、ついついエサをあげちゃったり、触ったりするでしょう。そうすると、親に怒られてね。楽屋の押し入れに入れられたりしたね」

「当時はなぜ怒られたのかわからないですよね？」

「そうだけどさ、ショーをやる人からしたらポニーだって犬だって、見世物じゃないからね。生活するための道具だからさ。それに変なものをあげて万が一でも死んじゃったら、生活できなくなっちゃうわけだからね。母親も真剣に怒ったのよね」

「誰もが経験できないことをしてきたんですね」

「こっちは、それが普通と思っていたからね。ストリッパーは、今に比べたらとんでもなく忙しかったでしょう。夏休みもずっと楽屋にいたね。どこも行けなかった。

どこの劇場だったかは覚えていないけど、ある時、劇場の社長がその日のステージを終えてから、踊り子と子どもたちを海に連れて行ってくれたのを覚えている。ステージを終えてからだから、夏とはいえ、とっくに日が暮れて夜中だった。車は劇場の宣伝カーだったんじゃないかな。昼間に劇場の宣伝カーで海に行ったら、相当目立っただろうから、夜でよかったのかもしれないね。夜中の誰もいない海で泳いで、花火をしたりして楽しかったな。

子どもの頃、それから何度も海水浴に行ったけれど、あの夜中に行った海水浴が、一番記憶に残っているわね」

第一印象で感じた同年代とは思えない雰囲気は、のほほんと何不自由なく暮らしてきた私と彼女が経てきた人生、その濃度の違いがやはり生み出している。それは、少しばかり話を聞いただけで理解できた。

「楽屋で過ごしている時に、お母さんがストリッパーだとは気づいていたんですか？」

「幼心に何となくわかっていましたね。鏡の前で化粧をして、衣装を着た母親が楽屋を出る時に『ここにいなさい』といつも言うんですよ。そんなことを言われると、子どもって逆に好奇心を持ってしまうじゃない。それでこっそりと、覗《のぞ》いたことがあった」

「その時のことを覚えていますか？」

「素直にきれいだなって、思った。それでじっと見ていると、オープンショーのために袖《そで》に母親が戻って来たりするでしょう。その度に、見つかっては怒られていたわね。時には押し入れに入れられたこともあったな。それでもまったく懲りなかった。

他の踊り子さんの舞台も眺めたわよ。当時は、男女の絡みを見せる白黒ショーというのもあったから、それも見た。さっきまで楽屋にいたお姉さんが、ステージで聞きなれない声を出しているのよ。同じように楽屋にいたお兄さんと何をしているのかなって、じっと見ていたら、また母親に見つかった。その時は凄い顔をして怒っていた。もちろん、押し入れ行きになったわよ。

小学校に上がる頃には、さすがに教育上よくないと思ったんだろうね。もう、楽屋には連れて行ってもらえなくなっちゃった。母親が旅に出ている間は、おばあさんに預けられて、面倒を見てもらっていたの」

「おばあさんとはいつ頃まで暮らしたんですか?」

「母親は、私が中学校に上がる前までストリッパーをしていた。やめる数年前から仕事を減らしていったから、小学校の五年生になる頃からは母親と一緒に暮らしはじめていた。おばあさんとは小学校四年生までね」

「ずっと一緒に暮らすことはなかったお母さんとの暮らしはどのようなものでしたか?」

「母親はストリップを引退してから水商売をしていたんだけど、派手な人だったなぁ。中学の卒業式にベルベットのスーツ、九センチのピンハイヒールを履いて来たの。みんな地味な格好をしてくるのに、そんな服で来る母親なんていないでしょう。当たり前だけど、主役の子どもたちより目立っていた。

　ストリッパーとして、自分が目立ってなんぼという気持ちがあったのかもね。同級生もびっくりしちゃってね。式の間も、校長先生とかの話はそっちのけで、みんながちらちら母親の方を見ていた。みんなが口々に『きれいだね』って言っていたな。私はそんな母親が自慢だったの」

「ストリッパーとなったきっかけは何だったんですか？」

「中学を卒業してから、高校には行かないで小倉《こくら》のクラブで水商売をしていたんだけど、一緒に働いていた友達二人がストリップの面接を受けるって言うから、一緒に付いて行ったの。その時に、面接をした男の人がね、なぜかわからないけど『君いいよ、やってみない。いい線いくよ、トップを取れるかもしれないよ』と、友達より私のことを熱心に誘ったのよ。

　うまく乗せられたのもあったかな。それまで人前で踊ったことなんかなかったけれど、私の何を見てそんなことを言ったのか確認してみたいという気持ちがあった。それと、やっぱり小さい時からストリッパーだった母親をきれいだな、とずっと思っていたから、心のどこかにやってみたいという気持ちがあったのかもしれないね」

「最初は友達の影響だったんですね？」

「そうね。母親の後を追おうなんて、最初はまったく思っていなかった。昔はいい加減だから、一回だけレッスンを受けてデビューすることになった。結局、面接に一緒に行った子は、ひとりはやらないで、もうひとりはデビューしたけどすぐにやめちゃった。私だけ二十年も続けることになったんだから、不思議なものね」

「お母さんには相談したんですか？」

「ずっと黙っていたの。本人は厳しい世界だってことを知っているから、絶対反対したと思うよ」

「いつカミングアウトしたんですか？」

「デビューしてから。一年半ぐらい経った頃、たまたま両親が暮らしていた家の近くの劇場にのっていたの。時々、劇場の近くのコンビニへ買い物に行ったりしていたんだけど、ある日ばったりコンビニで会っちゃったのよ。当然、こんな所で何してるのってなるじゃない。もしかしたら、その時に両親は気がついていたかもしれないけど、それから半年ぐらいして、休みが取れた時に家へ行って報告したのよ。二年は経っていたんじゃないかな」

「ご両親の様子はどうでしたか？」

「母親は、ずっと泣いていたな。父親は怒って悲しい顔をしていた。重苦しい空気だったね」

「なぜですかね？」

「ストリッパーになれば安易に稼げる、と私が勘違いしたと思ったんじゃないかな。華やかな世界だけど、母親が現役の頃は業界のしきたりも今以上にあって、辛《つら》いことがいっぱいあったから、そんなことを娘には経験させたくないと思って泣いたのかもしれないね」

「ご両親の態度はどうなりましたか？」

「最初は悲しんだけれど、それから一年ぐらい経ってからは、応援してくれるようになったね。父親は、私が出た週刊誌の記事をこっそりスクラップしてくれていた。おっぱいのところには星マークをわざわざつけて、隠していた。

　母親は、ひょっこりステージを見に来てくれたこともあったね。その場所は、岐阜まさご座。投光室から見てくれていたのを覚えている。ステージを終えたら楽屋にも来てくれて、私がポラロイド写真にサインをしていたら『今はそんなことをしなきゃいけないのね』と、ちょっとびっくりしていた。母親の時代にはなかったからね」

昔気質の踊り子

「デビューしてから、親子でストリッパーということは話題になったんですか？」

「わざわざ私が言ったわけでもないけれど、いつの間にか知られるようになって、その話題ばっかりよ。サラブレッドとか言われてさ。入った頃には、母親のことを知っているお姐《ねえ》さんや従業員さんもいたからね。その人たちは、私が楽屋にいたことも覚えているの。『楽屋であなたのおしめを替えたのよ、抱っこしてお守りをしたのよ』、なんてことも言われた」

「それは、乙姫さんならではのエピソードですね。他にもそのような話はありますか？」

「そういえば、京都の伏見《ふしみ》か大阪の九条《くじょう》だったかな。劇場へ入った時に、何だかここに来たことがあるなと思ってお母さんに電話したのよ。そうしたら、『階段から転げ落ちて、脱臼《だっきゅう》したのがそこだよ』って言われた」

「デビューした頃と今では、ストリップ業界の雰囲気も違いますよね？」

「デビューして二週目にのった十三《じゅうそう》の劇場は、とにかくお客さんがいっぱい入ったね。客席に入りきらなくて、ステージにまでお客さんが座っていた。

デビューした頃は、ＡＶさんの人気が凄かった。印象に残っているのは村上麗奈《むらかみれな》さん。四百人で大入りの劇場に一日三回大入りが出た。当時は入れ替えをやっていても、それだけお客さんが入ったのよ。それに比べると、最初に黄金劇場へ来た時は、正直寂しいなと思ったね」

「好きな劇場はどこですか？」

「浅草《あさくさ》フランス座かな。もう閉じちゃったけど、花道が長くて、本舞台にちゃんと照明が当たるから好きだった。それと、昔はたくさん劇場があったから、浅草のお客さんはストリップに目が肥えていた。

もう十年ぐらい前のことだけど、九十歳を超えているお爺《じい》さんがお客さんで来ていて、オープンショーを終えた時にご祝儀をくれたの。『ありがとうございました』ってお礼を言ったら、ポツリと言ってくれたのよ。『久しぶりにストリップらしいストリップを見たよ』って。その人は戦後すぐのストリップから見ているわけでしょう。最高の褒め言葉だった。その言葉は、これからもずっと忘れないと思う」

「ストリッパーとしてベテランの域に差し掛かっていると思いますが、今後については、どのように考えていますか？」

「まさか、こんなにやるとは思っていなかったからね。二年ぐらいでやめようと思っていたんだからさ。誰かに勝とうとかいう気持ちはなくて、マイペースでやっていくと思う。さすがに、体も若い時とは違うからね。気管支が弱いから、点滴を受けながらステージに立つこともあるし、ヒザが痛くなったりすると、もういいかなっていう気持ちになる時もある。限界を感じているのは間違いない。だけどさ、まだ私のことを黄金劇場みたいに呼んでくれる劇場もあるから、続けさせてもらってるんだよね。

やめる時は、引退興行とかはやらないで、静かに消えていくわよ」

乙姫は、引退はそう遠くないという認識を持っている。自慢だった元ストリッパーの母親が二年前に亡くなったことも、自分の人生を見つめ直すひとつのきっかけになったのかもしれない。

インタビューを終えると、私は客席ではなく、楽屋の奥にある薄暗い階段を下りて、劇場のステージの袖に向かった。幼い頃の乙姫くるみが母親の姿を眺めた場所から、彼女のステージを見てみたいと思ったのだ。

赤い派手なドレスに身を包み、すっとステージに立った彼女の姿は、浅草フランス座の客がつぶやいたように、昔気質《むかしかたぎ》の踊り子そのもののように見えた。そして、私は見たことのない乙姫くるみの母親がそこに立っているような気がしていた。

妊婦ストリッパー

「この仕事が大好きでたまらないから、休んだらどうなっちゃうんだろうね」

横浜黄金劇場の楽屋で、私はストリッパーの麻美璃歌子に話を聞いていた。妊娠五ヶ月の彼女は、この日が産休前、最後のステージだった。

ストリッパーの仕事を愛する彼女にとって、舞台に立たない日々を想像することはできず、不安な心境を吐露したのだった。

「ストリップという仕事は、お客さんを喜ばせて、拍手をもらうことができる。子どもを産んでも、家族には喜んでもらえるけれど、多くの人に褒めてもらえるわけではないからね」

子どもを産もうと決心するまで、彼女は悩んだと言う。

「やめたくなる時まで、この仕事をやろうと思っていたんです。だけど面白いから、やめる気持ちも起きなかった。そんな時に妊娠しているとわかったから、両親や劇場のママにも相談したんです。そうしたら、みんな『産め』って言ってくれて。それで、彼氏の年齢のこともあるし、子どもを産んでもいいんじゃないかと思ったんです」

聞きながら、私は彼女のストリッパーとしての特異さに興味を持たずにいられなかった。ストリッパーは、己の体を晒《さら》し、女を売り物にする職業である。その一方で、客の前では女としてのプライベートを極限まで晒さないものだ。恋人の存在を公にするストリッパーなどほとんどおらず、ましてや妊娠して出産することを客に堂々と宣言するストリッパーなどいただろうか。しかも彼女は、妊娠五ヶ月の大きなお腹でステージに立っていた。まさに、プライベートまでもステージに持ち込んでいるのが麻美璃歌子なのだ。

その方法には様々な見解があるだろうが、私は芸人としての彼女の姿勢を、諸手《もろて》を挙げて支持したいと思った。

二十八歳の彼女は、黄金劇場の専属ストリッパーとして十八歳からステージに上がってきた。

「璃歌子さんがストリップに興味を持ったきっかけは何だったんですか?」

「高校を中退した十七歳の時ですね。バイトを次から次へと転々としていて、ふらふらしていたんですよ。そんな時、ふと見た深夜番組で黄金劇場が取り上げられていたんです。幼い時からクラシックバレエを習っていたこともあって、踊ることが好きだったので、すぐに劇場を見たくなりました。家は京浜急行の沿線にあったけれど、黄金劇場の名前も場所もそれまでは知らなかったんです。バイト仲間の男の子なら黄金劇場のことを知っていると思って、『どこにあるの？』と聞いたら、黄金町駅を過ぎたら『電車から見えるよ』と。

数えきれないほど京浜急行には乗っていたけれど、それまではまったく視界に入ってこなかったので、半信半疑で窓から眺めてみると、確かに黄金町駅を過ぎた大岡川《おおおかがわ》の向こうに『ヌード黄金』という電飾が見えたんです」

黄金町駅を出て、はやる気持ちを抑えて劇場へと向かった。璃歌子が足を運んだ当時、その周辺は日本を代表する売春地帯で、二百五十軒のちょんの間が軒を連ねていた。黄金町駅の周辺には、当然ながら民家もあるが、土日ともなれば娼婦《しょうふ》を求める男たちが数多く徘徊《はいかい》する街でもあった。

その景色は、ストリップ劇場という目的地があった彼女の目には入って来なかった。

「劇場が見えてきたら、『あっ、テレビの場所だ』と凄く興奮しました。だけど、ストリップ劇場といったら男の人の場所じゃないですか。さすがに中へ入る勇気はなかったんです。ぐるぐるとまわりを何周もして、その日は帰りました」

「それでどうしたんですか?」

「今度は、男の友達について来てもらったんです。一緒に中に入りました。ストリップを見たはずですが、どんなステージを見たのか、まったく覚えていないんです。足が地についてなくて、ふわふわした感覚でした。

だけど、従業員さんに『私は踊り子になりたいんです』と伝えたことは覚えています。年齢を聞かれたんですが、まだ十七歳だったので『十八歳になったらおいで』と言われました。

当時、付き合っていた男性がいましたが、その彼に『ストリップをやりたい』と言ったところ、もの凄く反対されてしまった。それですぐにステージには立つことはできなかったんです」

「なぜストリップにそこまで惹《ひ》かれたんでしょうか?」

「やっぱり、それまでの生活が充実してなかったからではないでしょうか。

高校時代は援交をしたりして、見知らぬ男の人とも関係を持ったりしていました。リストカットをし、浅い海に飛び込んで自殺の真似事をしたこともありました。何かをしたいという思いは人並みにあったと思うんですが、そのエネルギーの使い方がわからなくて、そんなことを繰り返していた。

黄金劇場の様子や踊り子さんたちが、とても眩《まぶ》しい存在に見えたんだと思います。そこに行けば、私のエネルギーを使うことができるんじゃないかと」

十七歳の時にテレビに流れたというストリップ劇場。性に対する規制が厳しくなった今日のテレビ番組で、ストリップ劇場が取り上げられることはほとんどない。いかがわしい、という言葉で一括《ひとくく》りにされてしまう番組が、ひとりの少女の彷徨《さまよ》える魂を救ったことはまぎれもない事実である。

以前から、ストリップ劇場は社会のセーフティーネットのひとつであるという見方を私はしてきたが、璃歌子はまさに救われた人間のひとりだった。今も彼女のか細い手首には、消えることのない、葛藤《かっとう》の証《あかし》であるミミズのような傷痕《きずあと》が残っていた。

初めてストリップを見てから一年後、ストリッパーになることに反対した彼ともきっぱりと別れ、璃歌子は晴れてストリッパーとなった。

いつしか、ステージが彼女にとって生きる場所となった。踊り続けることによって生かされた彼女が、十年という月日を経て、ひとりの女となり、新たな命を宿した。

ストリップ劇場の薄暗いステージを通じて、命の糸が紡がれていたのだった。ステージは、ひとりの少女を生かすだけでなく、新たな命を産む機会までも与えてくれた。

ストリップ劇場でしか生きられない人間がいるということを、私は彼女の姿を通じて再認識させられた。

母として、ストリッパーとして

産休から出産、そして赤子が満一歳を迎えたことから、麻美璃歌子はストリップ劇場へと戻って来た。

「私たちにも、こんな時代があったはずなのよね」

横浜黄金劇場にある楽屋で、乳が少しばかり萎《しぼ》んでいるベテランストリッパーのお姐さんたちが、そのような言葉を発しながら璃歌子の赤ちゃんを優し気な表情で見つめていた。

璃歌子が授かったのは、女の赤ちゃんだった。先ほどまでは元気に笑顔を振りまいていたが、ステージから楽屋へと璃歌子が戻って来て安心したのだろうか。いつの間にか、すやすやと眠りだした。

前回の取材で、客がほとんど入っていない黄金劇場で麻美璃歌子のステージを眺めた時は、まだ彼女のお腹がぽっこりと膨らんでいる時だった。出産予定日を四ヶ月後に控えているにもかかわらず、大きなお腹でステージに立っていた。無事出産を終え、晴れて母親となった彼女は、育児と家事をこなしながら、月に一回のペースではあるが黄金劇場のステージに立ち続けていた。

「やっぱりステージにのると落ち着くことができて、心の充電ができるんですよ。子どもを産んでから、しばらくストリップを休んでいた時に劇場へ遊びに来ても、ステージに立っている時とは気分が全然違うんです。他の踊り子さんが衣装に着替えて出て行くのを見ていて、凄く羨《うらや》ましかった。そんな気持ちになるのも、この劇場から離れたくないからだと思うんです」

ストリッパーが天職というだけでなく、黄金劇場という舞台装置の中に生き甲斐《がい》を見つけている麻美璃歌子。

いわば、黄金劇場という子宮の中で育てられた彼女が、今一児の母となり、子を育てながらステージに立ち続けている。

「母親になってから、心境の変化はありましたか？」

「子育てを経験することで、これまでどんだけ私は人に迷惑をかけて生きてきたのか、よくわかりましたね。子どもが寝ている時に音楽が聞けないなど、我慢しなきゃいけないことっていっぱいあるじゃないですか。旅に出られなくなったのも寂しいですね」

「ストリップに対する見方は如何《いかが》ですか？」

「大いに変化がありましたね。今まで、ストリップという世界と、外の世界の違いをあまり意識していなかったんですが、子どもが生まれたことによって、意識するようになりましたね。

特に、お金にはあまり興味がありませんでしたが、子どもを育てるにあたって、検診など、いろいろなことでお金って必要なんだなと。遅いですが、この年になって意識するようになったんです。

劇場だけが自分にとっての小宇宙でしたが、子どもを授かったことによって、劇場の外にある社会とも関わらないといけなくなった。それは大きなストレスですね」

「例えばどんなことでしょうか？」

「これまでは、そんなことまったく思ったことはなかったんですが、外の世界と関わったことによって、この世界にいる自分、自分の職業がいかがわしいと思うようになってしまったんです。ひとりの時は、どこに行っても堂々と『仕事はストリッパー』と言うことができたのに、今では、人に聞かれた時にはどうしようかと思うんです。

母親からも、『いい加減やめなさい』と言われてます。例えば、新しいママ友ができたりしたら、この仕事のことを言えないと思うんですね。子どもが学校へ行く年齢になった時に、イジメられたりしたらどうしよう、などと思ったりもしますね。

だけど、いつになるかわかりませんが、子どもには伝えたいんです。劇場のママ、お客さん、踊り子さん、あなたはみんなに可愛がってもらって、幸せな場所にいたんだよって」

黄金劇場で踊ることを愛するがゆえに、子どもの成長とともに、ストリップを続けるかどうかという悩みは尽きることはなく、深くなるばかりだろう。私は璃歌子の話を聞いていて、乙姫くるみのことを思い出した。彼女は親子でストリップという職業に携わった。おそらく、乙姫が自慢だと言った母親も、楽屋で無邪気に遊ぶ娘の姿を目にしながら、璃歌子と同じような葛藤を心に抱えていたのかもしれない。

偉そうなことを言わせてもらえば、表現者としては、そのような葛藤は自然なことなのかもしれない。むしろ、新たな作品を生むきっかけになるかもしれない。私はそう彼女に伝えてみた。

「言葉ではうまく伝えられませんが、他の仕事では得られないものがいっぱいあるんですよね。いろいろ複雑な思いはありますが、子どもが大きくなっても、引退はないと思います。この劇場から離れることはできません」

万が一舞台を去ることになれば、彼女も引退興行をすることなく、静かに去りたいのだと言う。

「だって引退興行をしたら、戻って来るのが恥ずかしいでしょう。だから、いつでも戻って来られるようにしたいんです」

年々先細りが続くストリップ業界。この黄金劇場も、業界の衰退と無縁ではない。私が取材で訪ねた数日、客の入りは寂しい限りだった。彼女を育てたこの劇場は、楽屋で可愛がられている彼女の娘にとっても故郷である。いつまでも、彼女たちの故郷が故郷であり続けることを願いたい。

料亭勤めからストリッパーへ

グレーのスーツを着たサラリーマンや親子連れが目立つファミレスの店内で、私はこの日取材予定のストリッパーと待ち合わせをしていた。

待ち合わせ時間から少しばかり遅れて、白い毛皮のマフラーをしたストリッパーの卯月《うづき》朱美《あけみ》が入ってきた。彼女のマフラーは人目を引き、店内が心なしか華やいだ気がした。

彼女と会うのは二回目だったが、最初に会ったのは上野《うえの》のストリップ劇場だったため、私服姿を見たのは初めてだった。

「それにしても、派手な格好ですね？」

「イケイケ、ドンドンのバブルの時代って好きなんですよ。何だか怖いものなしみたいな気がするじゃないですか。あの時代のストリップって、実際に見たことはありませんが、お客さんもいっぱいで凄かったみたいですよね。最近はイケイケの踊り子さんが少なくなって、何だか寂しいんですよ」

派手なものよりは、どちらかというと、小ぢんまりとしたものが受け入れられる風潮というのは、ストリップだけでなく、世間一般における昨今の特徴なのかもしれない。そうした状況にあらがって、彼女はステージ上だけでなく、日常生活においても、自分自身を表現しているのだろう。

「ストリッパーになる前は、どのようなお仕事をされていたんですか？」

「今年でストリッパーになって九年目になりますが、その前は、都内でも有名な料亭で働いていたんですよ。料亭で働きはじめてから、私の時は百人くらい面接を受けたけど三人しか受からなかったと、面接官をしていた先輩から聞きました。私は着付けの資格も持っていたりしたから、受かったんじゃないかと思います」

「料亭からの転身ですか。それは珍しいですね」

「高校をやめてから理容専門学校に通って、理容師の免許を取りました。それから着付け教室にも通い、着付けの資格も取ったんです。他にも、アロマテラピーや色彩能力検定の資格も持っています」

「何だか、ストリップとは無縁な道を歩んでたんですね？」

「そうかもしれませんね。だけど料亭で二年ほど働いた頃、仕事に飽きちゃって、何か他の仕事をしたいと思うようになったんです。そんな時、好きな池袋《いけぶくろ》の街を歩いていたら、スカウトから声を掛けられたんです。『ストリップやってみない』と。キャバクラやAVは当たり前すぎるじゃないですか。ストリップという響きが良かったんです。

当然、やることは知っていても、劇場になんか行ったこともないですし、そのままスカウトに連れられて、劇場に足を運んだんです。実際に見てみると、全然イヤラシイとは思わなかった。お客さんの視線も気にならなかったですね」

あっけらかんとした彼女の態度に、それにしてもあっさりとストリップに入ったものだと思っていたら、思わぬことを打ち明けられた。

「私がまだ小学校に入るか入らないかの頃のことですが、父親はショーパブを経営していました。そこで、フィリピン人や韓国人の女の人を使ってトップレスのショーをやらせていたんです。彼女たちのショーを店の奥の方からこっそりと見ていたら、男の人たちを前にして、何で裸なのにこの女の人たちは笑っているんだろうって、凄いショックだった。裸って、本来恥ずかしいものなのに、何で平気なのかなって。心を揺さぶられる経験でした」

「それは、なかなか見られるものではないですね」

「そうなんですよ。父親は、私が八歳の時に刑務所で亡くなりましたが、とても奔放な人だったんです。最後は、家に母親以外の女性を連れ込んで一緒に暮らしていたこともあります。外国人女性の恋人だと思いますが、見知らぬ男の人が出入りしていることもあって、その男の人にイタズラされたこともありました。とても普通の環境ではなかった。そんな理由からかもしれませんが、子どもの頃から、無意識的に覗きや露出の癖がありました」

ストリッパーとなる過程は様々だが、私が出会ったストリッパーたちには、幼少期の経験が影響している者が少なくない。彼女の場合も、意識の中に潜んでいた外国人女性たちの笑顔が、その行動に指針を与えたのだろうか。話を聞いていると、彼女はストリッパーになるべくしてなったのではないかと思えてきてしまう。

「女性というのは、多かれ少なかれ、ナルシストだと思うんです。見られることが快感なんです。当然、男なら女性の裸を見るのが好きですよね。年に一回ぐらいあるかないかですが、ステージ上の私とお客さんが一体化することがあるんです。言葉ではうまく説明できませんが、それは、説明できない気持ち良さなんです」

ストリップの魅力を饒舌《じょうぜつ》に語る彼女だが、踊り子でいる自分に対して、焦りのようなものも感じているという。

「女の幸せって結婚にあると思うんですね。正直に言うと、時おり寂しくなるんです。やっぱり芸とは言え、若い女の子にはかなわないし、見知らぬ人に晒すわけじゃないですか。ずるずると、このままこの仕事をやっていていいのかなって。やっぱり、私の裸は愛する人のためにあるんじゃないかって、思ったりしますよ。それが理想ですよね」

しばし間を置いてから、彼女は告げた。

「つい最近、アスペルガーの疑いありって、診断されたんですよ」

「思い当たることがあったんですか？」

「はい。もともと好き嫌いが激しくて、興味の持てないことには集中できませんし、人の話を聞けないんですよ。それと、忘れ物が多い。ダントツに多くて、わざわざ手のひらに書いておいても忘れてしまうほど。あとは、人が言っている嫌味とかにまったく気がつかない。世の中にそんなものがあるのかも気がつかなかった。心の機微が読めないんです」

アスペルガーを抱えている踊り子に出会ったのは、彼女が二人目だった。やはり、その女性も時間を守れない、名前を覚えられないことから、何度も職場を変えてストリップ劇場へと流れついていた。


葛藤を抱えながらステージに立ち続けている卯月朱美だが、そこはプロのストリッパーである。見せてもらった上野の劇場では、そのような憂いを微塵《みじん》も感じさせはしなかった。動きにメリハリのあるステージは躍動的でもあり、ゴダイゴの名曲『ガンダーラ』を使った、流れるようなストーリー性のあるステージを披露していた。

ファミレスでインタビューを終えると、しばらくその界隈《かいわい》を一緒に歩いた。白い毛皮のマフラーにママチャリ。そのアンバランスさが、ひと昔前にあった、どこかのクラブのホステスのようですらあった。彼女が好きだと言う昭和の匂いをプンプンと漂わせていた。

取材を終えると彼女は丁寧に頭を下げ、「ではでは」と言って立ち去った。その後ろ姿を見送った時、何だかひとつの時代が過ぎ去ってしまったような寂しさを感じたのは気のせいだろうか。

ベトナム戦争時代のストリップガール

日本だけでなく、海外を舞台に活躍した踊り子がいる。

彼女はタイの首都バンコクに暮らしていた。政治的な混乱が続き、最近まで軍政が敷かれていたタイだが、彼女の存在を知ったのは、ちょうどバンコクでデモ隊と警察が連日衝突していた二〇一〇年のことだった。

当時、デモ隊はバンコクの中心部にあるルンピニ公園やメインストリートを占拠し、バリケードを築いていた。散発的な衝突は続いていたものの、日暮れとともに、デモは小康状態となった。デモ隊が築いたバリケードの中では、少なからず緊張感はあったものの、バリケードの外では普通に飲食店やナイトクラブが営業していた。

日没とともにデモの取材を終えると、私は何度かバンコク在住の友人と食事をした。足を運ぶのは、日本人が経営する居酒屋だ。バンコク暮らしが長い友人とは、日本人が経営する居酒屋に足を運ぶことが多かった。

私は長くても一年ぐらいで、それ以上の海外暮らしをしたことはないが、友人が日本料理屋に足を運ぶ気持ちはわかる。異国の食べ物は、初めは好奇心も手伝って美味《おい》しく感じるのだが、そのうちに、どうしても慣れ親しんだ日本の味噌《みそ》や醤油《しょうゆ》の風味が恋しくなってくる。

その土地の気候に慣れることはできても、食事まで同化するのは、なかなか困難なことだと思う。

アジアは物価が安く、日本の年金で楽に暮らせるという謳《うた》い文句で、アジアでの年金生活を勧める雑誌の記事などを目にするが、それはあくまでも現地の生活水準に合わせてこそ成り立つものだ。日本で長く暮らした人が、異国の食事を日々口に運ぶことは苦行に近いものだ。味覚とは、様々な人間の感覚の中で、新たなものを受け入れるのが最も難しいものだと私は思う。

普段、日本の居酒屋では注文することのないコロッケをつまみながら友人と話していると、バンコクに暮らしている日本人の話題となり、ベトナム戦争時代、米兵相手にダンスを披露していた女性がバンコクにいることを教えてくれたのだった。

バンコクでは、気にかけていると、ベトナム戦争の匂いがところどころに残っている。私が滞在していたホテルも、ベトナム戦争時代に作られたものだった。ベトナムの前線で戦った兵士たちが休暇で訪れた際に、滞在したという。そのようなホテルはバンコク市内に何軒もあり、古めかしい木製の家具などが使われていた。部屋は米兵の体軀《たいく》に合わせたのだろう、他のホテルと比べて広めに作られていた。

他にも、バンコクでは週末にウィークエンドマーケットという、衣類やペットなど、様々なものを売るマーケットが開かれるが、そこの古着屋に行くと、ベトナム戦争時代に米兵が着ていたジャケットやブーツなどが売られている。

建物や物ばかりでなく、街中のバーなどでは、バンコクに暮らすベトナム戦争を経験した退役軍人を目にすることがある。ベトナム戦争が激しかった頃、彼の地に赴いた日本人といえば、新聞記者や報道カメラマンが思いつく。女性で、しかもダンサーがいたことなど、まったく知らなかった。果たして、どんな女性なのか。私は会ってみたいと思った。

「何で私が行くところ、こうドンパチばかりなんでしょうね」

バンコクでのデモは、私が取材に入って一ヶ月が経った頃には、夜間外出禁止令が出されるようになった。そして、そろそろデモ隊の強制排除が行われるのではないかという噂が報道陣の中で囁《ささや》かれはじめた。夜間外出禁止令が出されて一週間も経たないうちに、その日がきた。今まで見たこともなかった装甲車がバリケードの周囲に配置され、その背後には銃を持った兵士たちが、屈《かが》んでいつでも突入できる態勢を取っていた。

私は、軍があえて群衆を逃すためにあけていた一本の道路からバリケードの中に入った。バリケードに入って間もなく、軍側の発砲がはじまり、乾いた銃声が響いた。それは今まで経験した散発の射撃ではなく、明らかにこちらを狙って容赦無く連射してくる激しいものだった。私は匍匐《ほふく》前進をしながら、高架鉄道の橋脚の陰に身を寄せ、額を地面にこすりつけた。まわりのアスファルトに銃弾が接触すると、「コスーン」という音を立てた。

銃撃が止み、おそるおそる頭をあげてみると、白人の男性が肩を担がれているのが見えた。後から知ったが、彼はイタリア人のカメラマンで、胸を撃たれて死亡した。その後、銃撃が再開され、私は当たらないでくれと念じながら伏せ続けた。私の傍らでは、タイ人のデモ参加者が足を撃たれて、苦悶《くもん》の表情を浮かべていた。

しばらく続いた銃撃がピタリと止むと、デモ参加者は雪崩を打って逃げはじめた。私がそれに続くと、ひとりの男性が頭から真っ赤な血を流して倒れている。頭を撃ち抜かれていて、すでに死んでいるようだった。

様々な現場を歩いてきたが、一日で何人もの人間がこれほど撃たれる姿を目にしたことはなかった。

強制排除によってデモが終焉《しゅうえん》を迎えると、バンコクの混乱は収まった。そして、デモ取材にひと区切りがついたこともあり、私はベトナム戦争を経験したという日本人女性ダンサーに会いに行ったのだった。

「どんなことをしているのかなと、店の子の案内で見に行ってみたんですよ。そうしたら、何だかお祭りみたいで、おもちゃの戦争と言ったら言い過ぎかしらね。ここは、ベトナム戦争の時みたいにアメリカの爆撃機が空から来ないし、ベトコン（南ベトナム解放民族戦線の俗称）のロケット弾だって飛んでこないでしょう」

私はバンコクのトンロー地区にある、「まりこ」という居酒屋にいた。そこは、日本人の観光客が多く泊まるホテルの敷地の中にあった。カウンターだけの店内には、私と経営者のマリコ、若い従業員のタイ人女性がいるだけで客の姿はなかった。訪ねた時間は午後八時頃だったが、数日前まで続いたデモの影響で、店はおろか、普段なら日本人の姿を見かけないことはないホテルの周辺でもその姿はなかった。

ベトナム戦争を経験した日本人ダンサーのマリコは、自分の名を冠した居酒屋を経営していた。

バンコクで続いていたデモの話題を振ってみると、笑顔を浮かべながら、落ち着いた口調で彼女は言ったのだった。

デモと戦争という違いはあるが、彼女が見てきた現実から比べてしまうと、私の経験などは足元にも及ばないのだろう。

言動だけでなく、どこか悠然とした態度からも、彼女の懐の深さがうかがえた。バンコクでは二ヶ月近く続いたデモにより、日本人観光客は激減し、バンコク在住の日本人も街に出なくなった。日本人相手に商売をしている彼女からしてみれば、生活の根幹に関わる死活問題なのだが、一見すると、そんなことはどこ吹く風なのだ。

デモでは百人以上の死傷者が出ていたが、彼女が命がけで踊った土地の出来事と比べると、オママゴトのように見えてしまうのかもしれない。

だが、その一方で、ベトナム戦争時代には日本人の新聞記者やカメラマンと交流があったことからか、「命は大事にしないといけないわよ」と、取材で走り回っていた私のことを気にかけてくれた。心の優しさが滲《にじ》み出ていた。

「だけど、何で私が行くところ、暮らしているところ、こうドンパチばかりなんでしょうね。不思議に思うわ」

タバコに火をつけ、煙をくゆらせながら、マリコは人懐っこい笑顔を浮かべた。

裸の殿堂

マリコこと京峰真里は、一九三二（昭和七）年に父親の仕事の関係で台湾に生まれた。日本の敗戦とともに日本に引き揚げると、宇都宮で少女時代を過ごした。ダンサーとなったのは二十五歳の時で、当時有楽町《ゆうらくちょう》にあった日劇ミュージックホールで本格的にデビューする。当時の芸名は京峰マリ。

日劇ミュージックホールは、有楽町駅前にある有楽町マリオンの場所で、一九五二（昭和二十七）年に開場。途中、場所を移転しつつも一九八二（昭和五十七）年まで続いた。マリコが日劇のダンサーとなったのは全盛期でもあった。女性ダンサーがトップレスでシヨーを披露し、「裸の殿堂」とも呼ばれていたのだ。裸体を晒す点ではストリップと同じだが、女性が見ることができる上品なエロティシズムという路線を掲げていたため、女性器を見せることなどはなく、ストリップとは趣を異にしていた。

日劇ミュージックホールは、ダンサーの質も高く、脚本を三島由紀夫《みしまゆきお》ら高名な作家が担当した、日本の大衆演劇を代表する存在だった。日本各地にできたストリップ劇場にミュージックとついているのは、日劇ミュージックホールの影響である。

マリコがデビューした一九五七（昭和三十二）年は、日劇ミュージックホールの第一次黄金時代が終わる頃のことだ。第一線で活躍したダンサーたちが相次いで引退している。そのまま衰退してしまう可能性もあったが、マリコらの登場によって、第二次黄金時代を迎えたのだった。

日劇でトップダンサーとして活躍した後、一度は日劇を引退する。

「父親が『観光物産新聞』という新聞社を経営していたんです。父親が引退することになって、私が跡を継ぐことになったんですが、経営が厳しくてね。何とかしなきゃということで、ダンサーとして復帰することにしました」

「どこで活動したんですか？」

「地方のスナックやストリップ劇場ですね。普通の人が見ても、ダンスの動きが違うから、すぐにいろんな所からお呼びがかかったんですよ」

生の実感

会社の経営を支えるためにはじめたダンサーのバイトだったが、より良いギャラを求めて東南アジアに巡業に出るようになった。当時、東南アジアに巡業に出れば、日本の倍以上も稼ぐことができたという。東南アジア巡業をはじめて二年目の一九六六年のこと、南ベトナム（ベトナム共和国。親米政権が支配していた）での公演を依頼された。アメリカは陸戦部隊を展開させるなど、ベトナムに本格的な介入をはじめており、戦争は激化の一途を辿《たど》っていた。

ベトナムではサイゴンのクラブから、最前線の基地でもダンスを披露した。死にゆく若い米兵の前で、彼女は踊り続けたのだった。

「基地で公演をする時はね、米軍のヘリコプターで移動するんですよ。軍用のヘリコプターですから、下からベトコンが機関銃を撃ってくるんです。その時は死を覚悟しましたね。

これで死ぬなと、お母さん先に死んでごめんなさいって思いました。ベトナムでは、いつも死が常に後ろにくっついていましたね。帰ってこられたのは、本当にたまたまなんじゃないでしょうか」

南ベトナムの首都だったサイゴンに滞在した時は、ベトナム戦争を取材するために駐在していた日本人の記者たちと同じ宿舎だった。さっきまで挨拶を交わしていた記者が、数時間後にベトコンのロケット弾攻撃によって亡くなったこともあれば、戦場で亡くなる者もいた。命がけの現場で彼女は生活していた。

「テト攻勢（テトはベトナムの正月。一九六八年一月、北ベトナム軍と南ベトナム解放民族戦線が行った奇襲攻撃。米軍と南ベトナム政府軍に大きな打撃を与え、ベトナム戦争の転機となった）の時に、ロケット弾をどんどん撃ち込まれてね。部屋に籠《こも》っているのもなんですから、夜に屋上に出て眺めていたんですよ。夜空にさーっと流れていって、きれいなんです。そうしたら、私たちより高いビルの屋上から銃撃されたこともありましたね」

ベトナム戦争の激化とともに、米兵たちの熱狂ぶりに拍車がかかる。常に死を意識するからこそ、生が輝いて見えた。

「踊っていますとね。もう一曲、もう一曲って、なかなか終わらせてくれないんです。凄い情熱でした。数時間後には前線に出て死ぬかもしれないから、最後に見るダンスかもしれないと、とにかく必死なの。だからできる限り踊りましたよ。

夜、ステージを終えて宿舎にいますとね、米兵たちが何か言っているのが聞こえてくるんです。暑いからなのか、米兵たちは外に寝袋を出して寝ていて。耳を澄ましていると、『ママ帰りたい、帰りたい』っていう泣き声だった。みんな二十代前半の若者たちでしょう。悲しかったけど、何にもしてあげられなかった」

はじめはギャラの魅力で足を踏み入れたベトナムだった。だが、いつしかマリコは自分自身を含め、人間たちが戦場という極限状態で生きる、ベトナムでの生活に魅了されていったのだった。

「あっ、生きてたと。生きるということに、まだ生きているということに感動する。その日、その時に生きていることを実感できるのは最高ですからね」

ベトナム戦争で米軍の敗色が濃くなると、彼女はベトナムを去ることになった。そして、ベトナムを中心とした東南アジアでの生活は、平和ボケという言葉が表すような、日本で暮らすことへの微妙なギャップを生み、彼女はバンコクで暮らすことを選択したのだ。

有名な日本人向けの歓楽街タニヤ、そこでのクラブのママなどを経て、バンコクのトンローで居酒屋まりこを経営している（二〇一六年に閉店した）。バンコクでの生活でも様々なトラブルに遭ってきたが、こう言い放った。

「別に苦しいなんて思わなかった。昔の苦労に比べたら何ともない」

店にはトラブルを抱えた日本人が相談に駆け込んでくることも多々あり、バンコクの駆け込み寺になっていた。

戦中、戦後と激動の時代を駆け巡ったマリコは、しみじみと言う。

「仕事、仕事で自由な時間なんて無かったけれど、あの頃の方が今の若い人たちより幸せだったんじゃないかなぁ。本当にいい人生だったなぁ」

第五章　花街、その興亡をたどる

どん底から復活した熱海

東京から東海道線に揺られて、日本を代表する温泉地のひとつである熱海《あたみ》へと向かった。平日の昼過ぎに東京を出たのに、品川《しながわ》を過ぎると車内のボックス席はいつの間にか中高年のグループで埋まり、彼らは缶ビールや酎《ちゅう》ハイなどを片手に歓談の花を咲かせていた。

果たして彼らはどこに向かうのかと思っていたら、ほとんどのグループが降りたのは熱海だった。駅前の土産物屋は、これから都内へと戻る観光客で芋を洗うような混雑ぶりだった。

こんな賑《にぎ》やかな場所だったかな、と思いながら熱海で舞台を務めていたファイヤーヨーコに会うため、ストリップ劇場へと向かって歩きはじめた。

ここ熱海は、一般には知られていないが花電車芸の本場である。熱海には芸者が多かったことから、座敷芸として花電車が代々演じられてきたという。

温泉場が単なる転地療養の地ではなく、日常を離れてハメを外す場所であったことを、その事実は物語っている。

当然ながら、最近の温泉場からは、男の楽園のような空気は薄れている。

日本各地の温泉場は、いっとき客足が遠のいていることが盛んに報じられていた。ここ熱海もそれと無縁ではなかった。

つい十年ほど前に私が熱海を訪ねた時は、温泉旅館の廃業が続いていたため、景気のいい話を聞かなかった。劇場へ足を運ぶ前に一軒の喫茶店に入り、最近の景気について話を振ってみた。

「うちのような店でも、最近はお客さんが増えてきているから、旅館やホテルは賑わっているみたいですよ」

熱海の宿泊客のピークは、昭和四十四年の五百三十二万人だった。そこを境に減少の一途を辿《たど》り、前に訪ねた二〇一一年には、半分以下の二百四十七万人にまで減少していた。私が見たのはどん底の熱海だった。そこから持ち直し続け、三百万人台にまで回復したという。

その背景には、テレビ番組などのロケを積極的に誘致し、名産品の品質を高めるといった努力があった。観光業が盛り返したことで、二〇〇六年には市に四十一億円もの債務があったが、すべて解消したという。

街を歩いていると、家族連れだけではなく、若者たちの姿も目についた。日本経済は好調だと政府は吹聴《ふいちょう》しているが、庶民はあまり実感できていない。これは個人的な観測だが、金がかかる海外に足を延ばすよりは、身近で楽しめる首都圏近郊の観光地が見直されているのではないか。それも復活の一因にあるのではないだろうか。

温泉場は江戸時代に庶民の遊興場になった

温泉場として熱海の歴史は古く、古代にまで遡《さかのぼ》ることができるという。その名の熱海とは、海から温泉が湧いていたことからつけられたとも言われている。時代が下り、江戸時代になると、徳川家康《とくがわいえやす》が湯治にも訪れた。熱海の湯を愛した家康は、わざわざ江戸城まで運ばせたという。

家康の湯治で熱海の名声が高まると、大名や公卿《くぎょう》などが相次いで訪れるようになる。家康の天下統一によって戦がなくなり、平和な世が訪れて街道も整備されていくと、熱海は湯治場として開発され、発展していったのだった。

そもそも熱海を開いたのは、五郎右衛門《ごろうえもん》、半太夫《はんだゆう》、彦左衛門《ひこざえもん》の三人だった。五郎右衛門と彦左衛門は、江戸幕府以前に相模《さがみ》を治めていた北条《ほうじょう》氏と繋《つな》がりがあった人物とされる。主家没落後に、彼らは温泉宿の主人となり、そこは大名が投宿する本陣にも指定された。

どこの馬の骨とも知れぬ者が一から熱海を切り開いたわけではなく、少なからぬ縁があった北条氏の人間だったゆえに、本陣という重要な役割を担う宿の経営を許されたことがうかがえる。

関東の雄であった北条氏は、多くの家臣団を抱えて滅亡した。今日でいえば、会社の倒産により職場を失った者たちは、新たな仕事を見つけなければならなかったのだ。江戸幕府は、関東に地の利のある北条氏の人間を、熱海だけでなく様々な場所で活用している。一説には、今日まで続く色街の吉原《よしわら》を開いた庄司甚左衛門《しょうじじんざえもん》、日本橋富沢町《にほんばしとみざわちょう》で古着屋を経営した鳶沢甚内《とびさわじんない》、さらには東海道保土ケ谷《ほどがや》宿の本陣、名主、問屋の三役を任された苅部清兵衛《かるべせいべえ》なども北条氏の家臣だったという。

不特定多数の人間が出入りをする色街、さらには盗人《ぬすっと》が出入りをする可能性がある古着屋は、不審者の監視にはうってつけであり、私的な警察といってもいい役割を果たしたといってもいいだろう。

熱海などの名の通った温泉場は、湯を使う権利がある、湯株を持った宿によって運営されていた。熱海の場合は時代によっても変わるが、二十七、八軒の宿が湯株を持っていた。

江戸時代のはじめに大名たちの湯治場となり、後期になると、お伊勢《いせ》参りとともに庶民たちにも湯治がブームとなる。

庶民に自由な旅が許されていなかった江戸時代だが、寺社参詣《さんけい》の一環であるお伊勢参りはほぼ無条件。病気、療養のための湯治は、女性でも比較的手形が入手しやすかった。江戸の庶民が行っていたのは、湯治といっても、純粋に病気の療養ではなく、今日の観光旅行だ。

天保《てんぽう》三年（一八三二）に刊行された『熱海温泉圖彙《ずい》』という、山東京山《さんとうきょうざん》によって記されたガイドブックがある。

目を通してみると、熱海への行き方からはじまり、温泉への入り方、効能などとともに遊楽と小見出しがついたページがある。そこには、碁盤、将棋、琴三味線、鼓、太鼓、楊弓《ようきゅう》などからはじまって、春には山の花見、夏蛍狩、秋鮎《あきあゆ》のやな、冬雪見、猪打ちなどがあると記されている。

遊楽の前半部分を読むとわかるが、琴、三味線、鼓は、湯治客を相手にした芸者が存在していたことを物語っている。全国の温泉地には、湯女《ゆな》という客の身の回りの世話をする女性がいて、温泉場で客の背中を流したり、時には枕を共にしたりしていた。その湯女が芸者の代わりをしたことは、江戸時代の紀行文に記されている。そのことからも、春を売る女たちが熱海にもいたのは間違いないだろう。

遊楽の中に楊弓という言葉がある。楊弓で的を射、景品を得る遊技場のことで、言ってみれば、今日の温泉場につきものの射的場である。ただ、江戸時代の楊弓には、矢場女という客の応対をする女がいた。その女は私娼《ししょう》を兼ねていて、楊弓イコール売春を意味していたのだ。江戸の風俗が取り締まられた天保の改革で摘発の対象となったほど、楊弓は男たちを惹《ひ》きつけた。楊弓は、江戸時代から明治時代まで営業が続けられ、浅草《あさくさ》などにできた私娼窟《くつ》の前身となる。

江戸時代後期、庶民の遊興の場となった温泉場は人々が集まったことにより、自然と色欲とは無縁でなくなっていったといえる。

日本各地にある温泉地は、人間のどろどろとした欲望を少なからず包み込んだうえで、今日の姿となっている。

時代が下っていくにつれて、売春が禁じられるようになると、温泉場は男たちの遊楽の場から家族連れが楽しむ場所となっていった。性の匂いが希薄になる中、最後の残り香を漂わせているのがストリップ劇場といってもいいだろう。

北は北海道から南は九州まで、私は日本中のストリップ劇場を歩いてきたが、かつて劇場があった土地にも足を運んでいた。その際に、必ず足を向けることになったのが地方の温泉場だ。取材者として何とも恥ずかしい話だが、その当時は背景などを深く考えることもなく、温泉場にはストリップ劇場がたくさんあったのだな、という印象ぐらいしか受けていなかった。

温泉場の歴史を知れば知るほど、ストリップ劇場が日本各地の温泉場にあったことは、当たり前だったのだ。ストリップ劇場には、昭和三十三年に施行された売春防止法以降、行き場を失った娼婦たちが駆け込んでいた。そして、ホテルの座敷や私娼窟などで演じられていた花電車芸が行き着く場所となった。

劇場から見た熱海の歴史

熱海駅から十五分ほど歩いただろうか。長くだらだらと続いた坂を下りきったあたりに、一軒のストリップ劇場があった。そこが、ファイヤーヨーコがステージを務めていた劇場だった。

到着したのは午後七時過ぎで、すでに開演していた。鰻《うなぎ》の寝床のような細長く、狭い楽屋にいたヨーコに挨拶《あいさつ》をしてから、私は劇場の主人にも話を聞いた。

「昭和五十年代から平成のはじめぐらいまでは、温泉場の景気は良かったよ。うちの劇場にも、芸者さんがお客さんを連れて一緒に見に来てくれたり、ホテルの仲居さんが団体のお客さんをたくさん連れて来てくれたりしたんだけど、今じゃ芸者さんよりコンパニオンという時代になっちゃって。お客さんがホテルから外に出て来なくなっちゃった。

ホテルも以前より景気が悪いから、お客さんには自分のところにお金を落として欲しいんだろうね。それに加えて、家族連れが増えて団体旅行が少なくなっちゃったから、仲居さんもお客さんを連れて来られなくなっちゃったんだよね」

劇場の主人は、ホテルや旅館の経営者とはまた違った視点で熱海の盛衰を目に焼きつけてきた。

「劇場の歴史はどれくらい経っているんですか？」

「熱海で劇場をはじめたのは、うちが最初だったんじゃないかな。昭和四十年頃だったかな。博労をしていたおじさんが、静岡市内にあったミリオン劇場っていうストリップ劇場のオーナーと知り合いでね。ミリオン劇場のオーナーから『ストリップは儲《もう》かるぞ』って言われて、その気になったんだよ」

「社長自らというわけではなかったんですね？」

「そうなんだよ。『手伝いに来い』とおじさんに言われてね。それでこっちに来たんだ。来てみたら劇場の箱がなかったので、バスの中でストリップをやった」

「それは前代未聞です」

「静岡の方から、十国峠《じっこく》を越えておんぼろバスを持って来たんだ。二十人ぐらいはお客さんを入れることができた。そんな状態でも次から次へとお客さんが来たから、朝の五時まで営業していたこともあったよ。お陰様でバスのストリップがうまくいって、この場所を買うことができたんだ。昭和三十年代までここはビリヤード場だったけど、改装して劇場にした」

「今では一軒しか劇場がないですが、昔はもっとあったんですよね？」

「平成十一年に糸川《いとかわ》劇場が潰《つぶ》れて、今では一軒になってしまったけど、いい時には十一軒の劇場があったよ」

「それは凄《すご》い数ですね。花電車をやる踊り子さんも多かったんですか？」

「全部の劇場で花電車をやっていたよ。だから、花電車をやらない女の子は使いものにならなかった。みんな必死で芸を磨いていたよ。うちには三人の女の子がいたけど、稼いでいたと思うよ。主な収入源はお客さんからのチップだったね」

「それだけ花電車が盛んだったのは、芸者さんが多かったからですか？」

「芸者さんから踊り子さんへ、という人は多かったと思う。座敷でお客さんを相手にしているから、盛り上げるオーラがあるんだよね」

「どんな花電車があったんですか？」

「習字をするといった一般的な花電車だけじゃなく、珍しいところでは、ますやさんという人が金魚を飛ばしたね。二メートルぐらい先のタライに入れるんだけど、彼女は細くて小柄だったから、どこにそんなパワーがあるのか不思議だった」

金魚は生き物で、私がバンコクで見たピンポン玉などより重さもあるので、遥《はる》かに難しいだろう。熱海で花電車芸人たちが切磋《せっさ》琢磨《たくま》していたことをうかがわせる。

話が一段落すると、劇場主はステージの脇に私を連れて行った。そこには、額に入った夢と書かれた書が残っていた。かつて、この劇場専属の踊り子だったいろはが花電車芸で書いたものだ。

「いろはさんは熱海で芸者をしていて、踊り子さんになったんだ。芸に対する意識が高い人で、書道教室にも通っていたよ。確か段も持っていた。二十年以上は花電車をやっていたと思う」

「今は花電車はやっていないんですか?」

「残念だけど、二〇一四年に亡くなったんだ。前の日まで元気に仕事もしていたのに、突然呼吸ができないと言い出して。苦しい、苦しいと言って亡くなった。肺気腫《はいきしゅ》だった。年齢は六十代と若く、これからまだまだ芸を披露できたはずなのに……」

ざるそばと呼ばれた私娼たち

劇場主の話から、熱海の花電車が芸者と繋がりのあったことがわかった。第二章で花電車のルーツについて触れた。中国の上海《シャンハイ》から飛田《とびた》遊廓へと伝わったルートと、江戸時代の見世物小屋から始まり、東京の浅草や玉の井《たまのい》などの私娼窟に繋がっていったという、主に二つのルートだ。

果たして熱海には、どのようなルートで花電車芸が流れてきたのか。

歓楽街としての歴史は、江戸時代の後期に端を発する熱海だが、実際に花電車がはじまったのは、いつの時代になるのだろうか。当然ながら、花電車のことを記した公的な記録はどこにも残っていない。あくまでも推測になってしまうが、できる限り迫ってみたい。

そもそも、熱海で芸者が盛んになるきっかけとなったのはいつか？

熱海芸妓《げいぎ》置屋連合組合のホームページによれば、一八七七年（明治十）、ちょうど西南戦争が起きた年に、阪東三代吉師こと樋口《ひぐち》ろくが遊芸師として熱海浜町に居住し、宿屋に滞在している客に稽古《けいこ》をしたのが発端だという。

樋口ろくは東京神楽坂《かぐらざか》の出身で、長唄《ながうた》は杵屋《きねや》、踊りは坂東《ばんどう》流だったという。明治、大正時代には、宿屋に出入りすることが許されたのは遊芸師のみだった。芸妓に許可が出て、遊芸師が芸妓と呼ばれるようになったのは、一九三二年（昭和七）に熱海芸妓組合が設立されてからのことだ。芸妓、元遊芸師は、大正七年頃で約二十八名、昭和十一年に百九十五名になった。戦後の最盛期には四百名になり、現在では百二十名の芸者がいる。

芸者の数が、大正七年から昭和十一年にかけて、約七倍にまで激増している。その背景には、熱海が観光地として発展する出来事があった。

一九一八年（大正七）に着工し、一九三四年（昭和九）に完成した、当時国内最長だった丹那《たんな》トンネルの開通である。熱海から函南《かんなみ》を結んだこのトンネルによって、東海道線は、現在の御殿場《ごてんば》線のルートから熱海から函南へと通ずるルートに変更された。御殿場線のルートは遠回りだけでなく、高低差から補助機関車を使わねばならず、丹那トンネルによって距離と時間が短縮されたのだ。

丹那トンネルの工事は難工事としても知られていて、大崩壊の事故などによって六十七名の作業員が亡くなっている。

東海道線の利便性ばかりではない。温泉地熱海は、新たな鉄道駅ができたことにより、首都圏とまっすぐに繋がることになった。このことが、熱海を大きく発展させるきっかけとなった。それまで、東京から熱海へ行くには、一泊二日の行程が必要だった。徒歩しか交通手段が無かった江戸時代に比べれば、便利になったものの気軽に行ける土地ではなかった。『風流抄』(舟橋聖一《ふなはしせいいち》)には、丹那トンネル開通以前の熱海への道程が記してある。


〝熱海の交通については、明治十四年に県道が出来て、人力車が通つたが、その前は、馬か駕籠で、有名な人車鐵道が出来たのは、日清戦役の終末期だそうだ。更に人車鐵道から、軽便鐵道に進化したのが、明治三十九年十月だということだから、私の年齢では、人車に乗るには赤ン坊の頃しかない。記憶のある限りでは、軽便しか知らないのである。軽便は機関車一輌に、客車一台、定員わずかに三十六名、小田原熱海間二時間半を要した。当時、私が、祖母につれられて熱海へ来るには、国府津で汽車を下

り、国府津小田原間を電車に乗つて、必ず小田原で一泊したものだが、（以下略）〃

熱海の大旅館の多くは、トンネル工事を快く思っていなかった。というのは、明治時代に入ると、熱海は長期に逗留《とうりゅう》する客を上客としていたためだ。彼らは、駅ができると交通が便利になり、土日といった数日の滞在しかしない客が増え、利益が上がらないと考えたのだった。

『風流抄』によれば、そうした大旅館は駅ができた後には、殿様商売ゆえに軒並み潰れていったという。

鉄道駅の開設により、湯治客が増え、芸者の数も激増。さらには、糸川という熱海の街中を流れる川沿いには、私娼窟が形成された。

もともと、熱海の街中にはざるそばと呼ばれた私娼たちが働く店がぽつりぽつりとあって、こっそりと遊ばせていたという。私娼たちの呼び名は、地方によってはだるまなど、様々である。戦前、蕎麦《そば》屋の女中の中には私娼を兼ねる者がおり、そうした蕎麦屋の二階には春を売る部屋があったという。おそらく、熱海の蕎麦屋にも私娼がいたことから、ざるそばと呼ばれるようになったのではないか。

丹那トンネル工事がはじまると、労働者を目当てに、さらに私娼たちが流れ込むようになり、ざるそばなどを吸収する形で私娼窟ができたのだった。

糸川の私娼窟は、売春防止法が施行されるまで営業を続けていた。施行される直前には八十軒近い店があり、三百人の娼婦がいたという。ちなみに、戦前の内務省が昭和九年に調査した調査報告書によれば、三十七戸、二百十四人の私娼がいた。

糸川べり私娼窟には、もともと熱海で営業していたざるそばと都内の玉の井、洲崎《すさき》、牛込《うしごめ》などから流れてきた業者の四つの派閥があった。

糸川べりを歩いてみると、今も当時の建物が何軒も残っている。そのほとんどは民家や飲み屋になっている。

色街跡に酒屋があったので、主人に往時の話を聞いてみた。

「僕が目にしていたのは、戦後しばらく経っての頃だけど、米兵が多くてね。熱海の港に米軍の船が入ると、町は大賑わいで、うちの店にもよく酒を買いに来たよ。彼らはウイスキーをよく買ってくれた。だけど、よく見ていないと手癖の悪いのがいて、盗まれたこともあったね」

日本人の温泉客ばかりでなく、米兵たちも町に溢《あふ》れ、さぞかし活気があったのだろう。

今では幻となった景色である。

夜を彩る点景

熱海が歓楽街として最初の隆盛を迎えた戦前。その当時の熱海の様子を伝える書物がある。墨堤隠士《ぼくていいんし》によって昭和七年に刊行された『女魔の怪窟：昭和奇観苦心探険』という、何ともおどろおどろしい名の書籍である。その本には、このように記されている。

〝其處彼處《そこかしこ》の旅館《りよくわん》では、三味線《みせん》の音《おと》が聞《きこ》ゆる、旅客《りよきやく》は酒《さけ》や肴丈《さかなだけ》では旨《うま》くもない、藝者《げいしや》を揚《あ》げて一騒《さわ》ぎとあつて、何《いづ》れも藝者《げいしや》を酒席《しゆせき》に侍《はべ》らす、之《こ》れ丈《だけ》ならば平々凡々《へいくぼんく》で何《なん》の變哲《へんてつ》もないが、散歩《さんぽ》の客《きやく》も引きあげて、藝者《げいしや》も最早時間《もはやじかん》とあつて、座席《ざせき》を退去《たいきよ》する際《さい》には、必《かな》らず客《きやく》を咥《くわ》へ込《こ》んで怪《あや》し気《げ》なる待合《まちあひ》に連《つ》れて行《ゆ》く、熱海《あたみ》には公然営業《こうぜんえいげふ》の待合《まちあひ》もあるが、又内證《またないしやう》の待合《まちあひ》もある、公然《こうぜん》の待合《まちあひ》に連《つ》れて行《い》つたのでは、何《なに》もかも公然《こうぜん》となつて贅費《ぜいひ》を要《えう》する、否藝者《いなげいしや》の方《はう》の収入《しうにふ》が減《へ》るといふ處《ところ》から、かねて内約《ないやく》して置《お》いた内證《ないしやう》の素人家《しろうとや》に連《つ》れ込《こ》むといつた風《ふう》。（中略）

然《しか》り熱海《あたみ》は實《じつ》に淫蕩《いんとう》の地《ち》である、夫《そ》れ故夜《ゆえよ》の九時《じ》か十時頃《じごろ》になつては、彼《か》れ藝者《げいしや》も四方《はう》八方《ぱう》から口が掛《かゝ》るか、其後《そのご》になつては『お生憎様《あいにくさま》』と斷《こと》はられてしまう、況《いは》んや十二時後《じご》になつて真面目《まじめ》に置屋《おきや》に帰《かへ》る藝者《げいしや》も少《すく》ないであらう。
熱海《あたみ》の客《きやく》は先《ま》づ上品《じやうひん》と見《み》てよい、然《しか》るに藝者《げいしや》は其容姿《そのようし》に於《おい》ても、其衣裳《そのいしやう》に於《おい》ても、何《なに》もかも上品《じやうひん》でもなければ華奢《くわしや》でもない、之《こ》れは畢竟《つまり》『不見転《みずてん》』を主眼《しゆがん》とするものか、其癖《そのくせ》熱海《あたみ》は物價《ぶつか》が高い、他地方《たちはう》と變《かは》らぬのは煙草《たばこ》と郵便切手《ゆうびんきつて》丈《だけ》だといつた人《ひと》もあるが、正《まさ》に其通《そのとほ》りに相違《さうい》あるまい、夫《そ》れでも昔《むかし》から熱海《あたみ》といへば著名《ちよめい》なるだけに、湯治《とうぢ》の客《きやく》も夥多《おびただし》い、そして又、比淫蕩《このいんとう》を味《あじ》はね者《もの》も尠《すく》ないといふ話《はなし》。〟

著者は、熱海に滞在して素人家の特定までするほど丹念に歩いていることから、本のタイトルとは裏腹に、いい加減なことを記しているような印象はない。

温泉場における色事は、戦後になるとさらに拍車がかかる。昭和四十八年に刊行された『夜の時刻表』（五季出版）には、熱海における売春事情ばかりでなく、ストリップや花電車に関する記述もある。

それによると、熱海は本格派のストリップ劇場から、八畳ほどの小部屋に客を入れる、ヌード・スタジオと呼ばれる小さなストリップ劇場が多くあった。他にも、お座敷ストリップと呼ばれ、旅館やホテルに出張してストリップを見せる踊り子たちも少なくなかったそうだ。通常は、二人組の踊り子が三十分貸切りで三曲ずつ踊る。花電車について書かれた箇所を抜粋してみたい。

〝ユカタで流していると「シロシロみない？花電車もあるよ」と次から次へお声がかかる。が、いまはホンモノはほとんどなく、これはヌード・スタジオのひっぱりが主。ホンモノはやはり旅館番頭径由（原文ママ）で、これには割れ目ちゃんの上の毛をきれいに刈りこんであって、動かすたびにクジラの汐ふきになったり、オットセイの風船あそびになったりする見事な芸の持ち主もいる。その他、最初からよくきいて注文すれば、ビールびんをもちあげたり、くわえタバコ、バナナきりの曲芸もみられるし、ハダカの女が乱舞する女相撲、シロシロも見物できる。三十分単位で３００００円から３５０００円。〟

かつての熱海には、歌舞伎町まがいの客引きがいた。文章を読んでいると、夜の街のもわもわとした活気が伝わってくる。花電車は、熱海の夜を彩る点景として存在していたのだった。今では、そんな空気はどこからも感じられない。

文章から私が連想した街は、日本ではなく、タイのバンコクやパタヤの色街である。夕暮れとともに街を歩くのは、男たちばかりで、売春やストリップまがいのポールダンスを見せるバーなどが乱立する様は、文章の雰囲気にマッチするなと思ったのだ。

出張ストリップは職内と呼ばれていた

日本の温泉地と売春は、つい最近まで切っても切れぬ関係があり、そうした空気の中でストリップは演じられ、花電車が披露されてきた。

私は『ストリップの帝王』という作品を上梓《じょうし》しているが、帝王と呼ばれた男が経営していた劇場は長野県の上山田《かみやまだ》温泉や上諏訪《かみすわ》温泉にあった。

それらのストリップ劇場は、団体旅行華やかなりし頃、観光バスで温泉地に乗りつけて、ひとつ風呂《ぷろ》浴び、宴会を楽しんだ男たちが下駄《げた》の音を響かせながら乗り込んだ場所だった。温泉地にとって、ストリップ劇場は欠かせない娯楽だった。

長野県上山田温泉に足を運んだ際、往時を知るホテルの従業員が昔話をしてくれた。

「昔は九州からわざわざ観光バスで乗りつけてくるぐらい、ここは有名な場所だったんですよ。夜になれば通りは人だらけで、大げさに聞こえるかもしれませんが、夜中まで『カラン、カラン』と、下駄の音が鳴り響いて眠れなかったもんです。当時あったストリップ劇場も、押すな押すなの大盛況でしたよ。

それに、売春も盛んでしてね。客の数が圧倒的に多くて、店に行っても女の子がいないものだから、女の子が客とやった後にホテルから出てくるところを捕まえて交渉するような猛者《もさ》もいましたね」

上山田温泉だけでなく、全国の温泉地にはストリップ劇場が存在していた。そして、ストリップが演じられたのは、熱海と同じく劇場だけではなかった。忘年会や新年会が行われる年末年始には、団体客の余興のため、各ホテルへの出張ストリップが行われていたという。

ストリップ業界の用語で、そうした営業は内職をひっくり返し、職内と呼ばれていた。踊り子たちは劇場公演の合間にホテルを回った。

その話をしてくれたのは、ファイヤーヨーコである。彼女は、上諏訪温泉にあった諏訪フランス座でよくステージを務めていたのだ。私も、諏訪フランス座で何度かヨーコを取材したことがあった。

「とにかく忙しかったんですよ。休んでいる暇がなかった。だけど景気がいい時代だったから、チップも一万円から渡してくれて、お座敷をひとつ回ればけっこうな稼ぎになったんですよ。年々景気も悪くなって、今じゃ温泉場の劇場に行くこともなくなっちゃったし、まったく夢のような話ですね」

そんな活気のあった時代もひと昔前のことだ。バブル崩壊、リーマンショックと日本経済を揺るがす景気変動が起こるたびに、温泉地から団体旅行は減っていき、踊り子たちがホテルに呼ばれることもなくなっていった。

二〇〇〇年代に入ると、日本全国の主な温泉場にあったストリップ劇場は、次から次へと消えていった。私が取材した劇場だけでも、山梨県の石和《いさわ》温泉、石川県の山代《やましろ》温泉、長野県の上諏訪温泉の諏訪フランス座が幕を下ろした。

長野県の上諏訪温泉にあった、諏訪フランス座の一風景が記憶に残っている。「ストリップ業界の帝王」と呼ばれた瀧口義弘《たきぐちよしひろ》が経営していた劇場、その二階にある照明室には、かつて出された黄ばんだ大入袋が壁一面に貼ってあった。

その大入袋を見て、私は果たしてそんな時代があったのかと驚いたものだ。諏訪フランス座には何度も足を運んだが、いつも劇場は閑古鳥が鳴いていて、ホテルから浴衣《ゆかた》を着て来る客も指で数えられるほどだったからだ。

結局、諏訪フランス座が満員となった姿を見たのは、閉館が決まった時の公演だけだった。瀧口は全盛期には月収一億八千万円を稼ぎ出し、ストリップ業界を牛耳った人物だったが、時代の流れというものは如何《いかん》ともし難く、ついに劇場の経営が上向くことはなかった。諏訪フランス座は、二〇一一年八月三十日をもって営業を終えた。

劇場の閉館は、温泉場におけるストリップ文化の終焉《しゅうえん》を意味した。もう二度と、上諏訪温泉のホテルでは座敷芸として花電車が演じられることはないのだ。

まだ、熱海にはストリップ劇場が存在している。かろうじて、温泉場における花電車の命脈は保たれているといっていいのかもしれない。

ストリップは新宿で産声を上げ、浅草で隆盛を迎えた

花電車は、温泉場や遊廓《ゆうかく》ばかりでなく、私娼窟でも演じられていた。記録が残っているのは、東京の浅草と玉の井である。

東京一の私娼窟だった浅草。私娼の数は二千人ともいわれ、彼女たちが数多く集まっていたのが、明治時代に建てられた浅草十二階（凌雲閣《りょううんかく》）の周辺だった。

浅草の中心には浅草寺《せんそうじ》が鎮座し、多くの人々を集めていた。奥山と呼ばれた観音堂の裏には、江戸時代には見世物小屋が建ち、私娼たちが屯《たむろ》するようになった。浅草は隅田川《すみだがわ》のほとりにあり、東京の周縁部に位置していたことも、色街が形作られる一因となった。

街娼ばかりでなく、戦前には銘酒屋という、飲み屋を装って私娼たちを置いた店が数多くあった。特に銘酒屋が多かったのが、ストリップ劇場浅草ロック座のある六区である。ちなみに、今では六区には一軒のストリップ劇場しかないが、もともとは十軒以上のストリップ劇場が建ち並ぶストリップの聖地であった。

ストリップは戦後の新宿《しんじゅく》で産声を上げているが、ここ浅草で隆盛を迎えた。浅草ロック座を左に見ながら歩いていくと、突き当たりにパチンコ屋がある。そのあたりに、関東大震災で壊れた浅草十二階というタワーが建っていた。

この十二階の周辺が巨大な私娼窟で、銘酒屋があった。中には、新聞閲覧所などという看板を掲げている店もあった。当然ながら新聞は置いておらず、置いていたのは私娼である。その数は千軒以上あったという。性病の広がりなどから、私娼の取り締まりを積極的に進めていた明治政府だったが、十二階下の私娼窟を壊滅させることはできなかった。

浅草十二階は、今で言う東京スカイツリーみたいな存在であり、浅草のランドマークであった。十二階の見物に来た客たちを目当てにし、銘酒屋が建ち並んでいたわけだ。今日、東京スカイツリーは日本人のみならず、世界中からの観光客で賑わっている。私も何度かスカイツリーとその周辺を歩いているが、土産物屋や飲食店が目立つだけで、春を売る女性を置いた店などは存在しない。

色街が生まれる背景は、時代とともに変化している。世の中から目に見える形での色街は消えていき、ネットという仮想空間に居場所が広がっている。

浅草の私娼窟が壊滅するきっかけとなったのは、関東大震災だった。十二階は倒れ、銘酒屋も甚大な被害を受けた。それを機に、銘酒屋は浅草から追い出された。私娼を抱えた業者が向かったのは、隅田川の向こう、向島《むこうじま》にある玉の井であった。

東京という都市の膨張も、浅草からさらに外縁部の向島へと移った要因のひとつであった。時代を遡っていけば、明暦の大火で吉原が元吉原から新吉原へと移されたが、これも江戸の街の膨張と無縁ではない。

色街が目立たぬ場所へと移されるのは、時代の常なのだ。

『ストリップ芸大全』（データハウス）によれば、浅草公園裏の銘酒屋で演じられていた花電車は玉の井へ伝わった。さらに、戦後になると浅草のストリップ劇場や、三百軒あった常設場と呼ばれた場所で演じられたという。昭和三十年代になると、常設場は取り締まりの対象となり、花電車はストリップ劇場だけで行われるようになった。

エノケンは花電車にハマっていた

永井荷風《ながいかふう》の『濹東綺譚《ぼくとうきだん》』で知られる玉の井にも足を運んだ。過去にも何度か足を運んでいるが、まさかこの場所で花電車が行われていたとは知らなかった。

玉の井色街跡の最寄り駅は、東武伊勢崎《いせさき》線の東向島駅である。かつては京成線の玉ノ井駅もあったが、とうの昔に廃線となっていて、今ではどこにも面影はない。

東向島駅は、明治時代に東武伊勢崎線が開通すると白鬚《しらひげ》駅と呼ばれていた。それが、一九二四年（大正十三）になって玉ノ井駅となった。そこから現在の駅名に変わったのは、昭和の末一九八八年（昭和六十三）のことだ。

玉ノ井から東向島に名称が変わったのは、色街のイメージがつきすぎたという理由からだろう。私が知る限り、色街のイメージゆえに駅名が変わったのは玉ノ井だけではない。横須賀《よこすか》の色街として知られていた、安浦《やすうら》から歩いて十分ほどの場所にある県立大学駅も、もともとは京急安浦《やすうら》駅といった。

五分ほど歩くと交番が見えてくる。日本各地の色街を歩いていると、戦前に起源を持つ色街の入り口には、たいがい交番がある。

玉の井の色街跡は、ほとんどが住宅街になっている。ところどころにかつてカフェであっただろう建物や古びたスナックなどを見かけるが、往時の雰囲気を建物からほとんど感じることはできない。

ただ、永井荷風が迷路と呼んだ入り組んだ路地の面影は、今も健在である。売春の匂いとはもう無縁の玉の井だが、東京大空襲で焼けるまでは五百軒の店に千人以上の娼婦たちがいて、体を売っていたという。そのような娼婦たちの中には、花電車を披露する者もいたのだ。

『玉の井という街があった』（前田豊著）に、玉の井で行われていた花電車が詳しく記述されている。

〝玉の井にはまだ好事家の視覚をたのしませるお座敷芸があった。現代ではほとんど死語同様になり、特別な客にしか見せなくなった、いわゆる「花電車」である。

浅草玉木座時代のエノケンや藤原釜足（当時秀臣）は、七丁目二部の米屋と氷屋の路地を入った桑原という家へ、劇場の都合を見てはよく通った。ここのチエ子が花電車だったのだ。

昭和五、六年頃、三人一組で見学料五円、大体ショート一人分の料金と一致した。玉の井にはまだチエ子の他に、花電車と称する女が六、七人いたが、だからといって誰にでも見せるわけではなかった。〃

文中に登場するエノケン（榎本健一《えのもとけんいち》）は、日本を代表する喜劇役者で喜劇王とも呼ばれる。浅草を舞台に活躍していた彼は、時間を作っては花電車を見るために向島に通っていた。もうひとり名前が出ている藤原釜足《ふじわらかまたり》は、後年は黒澤《くろさわ》映画の名脇役として知られているが、若かりし頃はエノケンに誘われて、浅草の喜劇団カジノ・フォーリーに参加していた。そんな縁もあり、エノケンの紹介で一緒に足を運んだのだろうか。

前田の著書によれば、玉の井で演じられていた花電車は、金さえ払えば誰でも見られるものではなく、客を選んで演じられていたという。

人気だった喜劇王は、なぜ花電車を見に足を運んだのだろうか。当時ストリップ劇場などは存在せず、女性器を使った芸が後年ほど簡単に見られる時代でなかったことは間違いない。多忙な日々から逃れる気分転換の場であったのかもしれないが、役者と花電車を演じる女性は、同じ芸を生業《なりわい》とする者として、社会のアウトサイダーとして、お互いにシンパシーを感じるものがあったのかもしれない。

テレビ放送が普及する以前、劇場は庶民にとってエンターテインメントの殿堂であった。浅草に数多《あまた》あったストリップ劇場では、ストリップの幕間《まくあい》に、これから世に出ようという志を持ったコメディアンたちが数多く出ていた。そこから生まれてきたのが渥美清《あつみきよし》であり、萩本欽一《はぎもときんいち》であり、ビートたけしであった。彼らが芸で食べていけない時代に援助を惜しまなかったのがストリッパーたちであったのは、有名な話だ。萩本欽一はその恩を忘れず、後年テレビで人気者になった時に結婚相手として選んだのは、ストリッパーだった今の夫人である。

以前、日本最高齢だったストリッパーに話を聞いたことがある。彼女がステージに立ちはじめた昭和三十年代には、ストリップ劇場の楽屋には時代劇のスターたちがよく足を運んでいて、歓談する機会が少なくなかったという。

そこからうかがえるのは、ストリップの踊り子も時代劇の役者も、垣根がほとんどなかったということだ。

話を玉の井の花電車に戻すと、見学料の五円は、現在の価値に換算すると一万円ほど。現在でも営業している関西のちょんの間では、二十分一万円ほどだから、売春の値段は時代を経ても大きく変化していないことがわかる。

果たして、桑原という家はどこにあったのか。玉の井の路地を歩いてみたが、その家を見つけることはできなかった。

陰唇でバナナを切る

玉の井の花電車について、より具体的に記述されているのは、秋田《あきた》昌美《まさみ》の『女陰考』である。その本では、浜木綿の『八面鉾』という資料の体験談を引用している。

体験談によれば、玉の井では銀貨を四枚女性器に吸い込んで一枚ずつ出す芸や、卵を女性器に入れて半畳ほど離れた場所にある紙袋に入れる芸、更には女性器でバナナを切断する芸などを見学している。

特に体験者が驚いているのは、バナナの切断面だ。竹ベラか切れ味の悪い刃物で切り落とした切り口で、陰唇で切ったようには見えなかったという。

ちなみに体験者は、それほどまでに凄い芸をする女性とセックスをしたことも証言している。

〝凡てが非常に発達していた。特にその陰核と陰唇とは、未だ嘗てお目に掛かった事のない程たくましいものであった。陰核などは、ザッと三文ぐらいもあろうかと思われた。朝顔の蕾のような褶《ひらおび》を持って、紫黒色に突兀《とっこつ》とそそり立っているのを指でつまむと、いくらかはきざしているものか、しこしこしていた。こんなものがもう一歩発育すると、女同志の交合の時、男の舌位の役は果すであろうかと思われたのは実際である。〟

陰核の長さが三文というと、七センチほどだ。幼児のペニスと変わらない陰核をこの女性は持っていたことになる。芸の鍛錬をしていくうちにそうした陰核が出来上がったのかどうかは定かではないが、通常の女性にはない女性器を有していたことが記されている。

人は生きていくうえで、闇を必要とする

玉の井の街から東向島の駅へと向かいながら、思いを巡らせていた。花電車芸は、かつ

て色街や温泉場で盛んに演じられていた。そんな芸も、今ではファイヤーヨーコをはじめとした十人に満たない踊り子を除いて、この日本では演じるものはいない。

古代遣唐使の時代から飛田遊廓に伝わったことを起源にしたとしても、女性器という秘すべき場所を使った花電車は、日本社会の片隅で、少なくとも百年以上は生き続けている。日常から色街やストリップ劇場といった猥雑《わいざつ》なものが消えていき、日常生活でも規範からの逸脱が容易に咎《とが》められてしまう時代状況において、花電車は片方の肺でかろうじて呼吸しているような状況になっている。

私はかろうじて、ファイヤーヨーコとの出会いによって、花電車芸を目撃することができた。この芸も果たしてあと何年続くのだろうか。

もし花電車が消えたら貴重な文化の喪失であることは間違いない。ただ、それを声高に訴えるつもりもない。このような気持ちにさせられるのはなぜだろうか。

それは、この芸を続けてきた名も無き女たちの情念によるものではないか。彼女たちの多くは、自分から進んで花電車を演じた者ではなかった。目の前の現実に追い詰められ、花電車によって活路を開こうとした。芸者としては客がつかないため、花電車をやることによって人気者になった、ジュン子という芸者が浅草にはいたという。

徳俵に追い詰められた女たちが、恥を顧みずに女性器を晒《さら》した芸が花電車であったと思う。それゆえに、花電車には存在意義があったのだ。

世の中にネットが普及したことにより、極端な言い方をすれば、すでに女性器は秘所ではなくなった。花電車芸も、身を助ける芸ではなくなり、余興のひとつになってしまった。人は生きていくうえで、闇を必要とする。かつてはその闇がストリップ劇場であり、見世物小屋であった。やはりネットの普及によって、人はいつでもどこでも闇にアクセスできるようになった。得体の知れない空間は、現代では悲しい話だがネットの中にしか残されていない。

あとがき

本書内でも触れたが、横浜の売春街黄金町《こがねちょう》に川を挟んで建っていた黄金劇場を皮切りに、私は日本各地の劇場を歩いてきた。その取材の過程で出会ったのが、花電車芸だった。今からもう十年以上前のことになる。

私は日本の色街やストリップ劇場といった、世間で言う悪所を好んで歩いてきた。なぜそこに目を向けたのだろうか。改めて思い返してみるとそのきっかけは、生まれ育った横浜で、少年時代に売春街の黄金町を目にしたことにあったのではないかと思う。

実家のある場所は今も変わらず、新興住宅地の中にある。そこには、当然ながら淫靡《いんび》な空気など微塵《みじん》も流れておらず、飲み屋すらない。色街と対極にあるといってよい場所で育った私が、原色の服を着てちょんの間の前に立つ女の姿を目にしたのは、中学生の時だった。彼女たちがどんな仕事をしているのかは、その時はわからなかったものの、日常生活では見かけることはない女の姿が強く印象に残ったのを覚えている。心に宿った好奇心は、いつまでも消えることはなかった。

その後、写真週刊誌のカメラマンを経てフリーランスとなり、ペンとカメラを持って何を表現するかと考えた時、足が向いたのが日常の異界である黄金町であり、ストリップ劇場だった。


二〇〇八年の冬に出会ったのが、ファイヤーヨーコの花電車芸だった。場所は、大阪天《てん》神橋筋《じんばしすじ》商店街の脇にあったナニワミュージックだった。

二〇一二年七月に、思い立ってナニワミュージックを再訪してみたところ、かつてあった場所に劇場が見当たらない。何度も周囲をぐるぐると歩いて、劇場が更地になっていることに気がついた。

ストリッパーたちがくつろいでいた楽屋に、花道、従業員の男性が身の上を語ってくれた照明室や客席、ヨーコが花電車の準備をしていた舞台袖《そで》など、私の記憶にあった劇場は跡形もなくなっていた。

ナニワミュージックだけでなく、私が取材した劇場は、次から次へと潰《つぶ》れていった。黄金劇場は、劇場主で気の優しい島根《しまね》和子《かずこ》が二〇一二年に逮捕されたことにより、休業した後に幕を閉じた。

ストリップ劇場がこの日本から消えていく現実。それを目にして、おこがましい言い方になってしまうかもしれないが、少しでも記録を後世に残したいという思いから、最初に書き記したのが『ストリップの帝王』（KADOKAWA）だ。元銀行員ながらストリップ劇場のオーナーとなった男・瀧口義弘《たきぐちよしひろ》の一代記である。

瀧口の豪快な生き様は、古き良きストリップ劇場そのものだった。刃物を抜いたヤクザ相手に大立ち回りを演じ、相手を病院送りにしたり、警察の手入れに業を煮やし、腹にダイナマイトを巻いて警察署に乗り込んだりもした。さらには商売の全盛期は月収約二億円を稼いだこともあったが、そのすべてを博打《ばくち》に使い果たした。引退し、数年を経た今では、そのような豪快な時代があったことなど幻のごとく、瀧口はひとり、ひっそりとぼろアパートに暮らしている。この落差も私には魅力的だった。

その次に目を向けたのが、花電車芸人であり、裸体を売り物にするストリップでも一風変わったショーを披露する、異端の芸人たちだった。

ストリッパーよりも、さらにニッチな存在である彼女たち。

この日本で、彼女たちを知る人は、極めて少ない。もしかすると、非合法とみなされている場所で生きている彼女たちは不必要な存在だ、という意見もあるかもしれない。しかし、私は彼女たちの芸を心から楽しみにしている人たちの存在を見てきたのだ。なけなしの金を握りしめ、彼らは安くはないストリップ劇場の入場料を払っていた。そして、芸を披露する彼女たちも、一般的な社会では生きていくことができず、ストリップ劇場をゆりかごとしながら生きていた。その空間が作ってきた営み、その積み重ねを否定することはできないはずだ。

令和という新たな時代がはじまり、世の中はさらに大きな変革期を迎えている。昨日まで隆盛を誇っていたと思えた企業があえなく倒産したり、身売りをしたりすることは、もはや珍しいことではなくなっている。そのような時代状況の中で、少なく見積もっても、花電車芸は百五十年以上の歴史をこの国で紡いできた。冷静に考えてみると、移り変わりの激しい人の世にあって、奇跡的なことではないだろうか。それはまた、多種多様な生き方を容認してきた、日本という国の懐の深さも表していよう。

だが、ここ最近は「環境浄化」という旗印のもと、色街は消え、ストリップ劇場も姿を消し、そこで生きていた人たちは追い払われていっている。「浄化」は多様な文化を持ったこの国の特色を消す行いだ、と私は思う。積極的にストリップ劇場や花電車芸を保護しろとは言わない。だが、そのような場所や、何よりもそこに生きる人たちを、これ以上厳しく取り締まる必要などない。何より、「浄化」という言葉を人に向けるべきではないだろう。

花電車芸は、風前の灯火《ともしび》となっている。あと数年のうちに日本から消えてしまうかもしれない。一方で、この本で取り上げたバンコクのパッポンでは、今もピンポン玉を飛ばす花電車芸が健在だという。

花電車芸のルーツを中国に求めれば、その歴史は千年以上にもなる。花電車芸を披露した数多《あまた》の見世物小屋が時の流れの中で消えていったが、今もしぶとく、日本やバンコクでその芸は生きている。

本の最後ということで、私は少々感傷的になっていたようだ。きっと、誰かが花電車芸を継ぎ、続けていくことだろう。人間の欲望に直結した芸というものは、そう易々とは消えない。日本で消えたとしても、誰かがバンコクでその芸を見て、その芸を受け継いでいくことだろう。

最後は、ささやかな希望を胸に抱いてペンを擱《お》きたい。

二〇二〇年一月

八木澤　高明

主要参考文献一覧

秋田昌美『女陰考』桜桃書房、一九九九年
朝倉無聲『見世物研究』ちくま学芸文庫、二〇〇二年〔原書 思文閣出版、一九七七年〕
宇治谷孟訳『続日本紀（下）全現代語訳』講談社学術文庫、一九九五年
小野田一幸、高久智広編『紀州藩士酒井伴四郎関係文書』清文堂出版、二〇一四年
喜田川守貞著、宇佐美英機校訂『近世風俗志（五）』岩波文庫、二〇〇二年
山東庵京山編『画図集筆　熱海温泉圖彙』東都書肆錦耕堂、天保三年（一八三二）
ストリップ史研究会『ストリップ芸大全』データハウス、二〇〇三年
日本随筆大成編輯部編『日本随筆大成〈第3期〉2』吉川弘文館、一九七六年
舟橋聖一『風流抄』文藝春秋新社、一九五四年
墨堤隠士『女魔の怪窟』啓仁館書房、一九三二年
前田豊『玉の井という街があった』ちくま文庫、二〇一五年
吉行エイスケ『新しき上海のプライヴエート』ゆまに書房、二〇〇二年〔原書 先進社、

一九三二年〕
Y・Y取材グループ、六角弘『夜の時刻表　新幹線十七駅・夜のすべて』五季出版、一九七三年

口絵写真　八木澤　高明

本書は書き下ろしです。

本文中に登場する方々の肩書きおよび各国の為替レートは、いずれも取材時のものです。

八木澤高明（やぎさわ・たかあき）
1972年神奈川県横浜市生まれ。写真週刊誌フライデー専属カメラマンを経て、2004年よりフリーランス。2001年から2012年まで取材した「マオキッズ　毛沢東のこどもたちを巡る旅」が第19回小学館ノンフィクション大賞優秀賞を受賞。15年以上にわたり、日本各地、世界各国の色街とそこで暮らす娼婦たちを取材し続けており、ストリップ劇場の栄枯盛衰も見てきた。著書に『娼婦たちから見た日本　黄金町、渡鹿野島、沖縄、秋葉原、タイ、チリ』（角川文庫）、『娼婦たちは見た　イラク、ネパール、中国、韓国』（角川新書）、『ストリップの帝王』（KADOKAWA）、『黄金町マリア　横浜黄金町路上の娼婦たち』『日本殺人巡礼』（亜紀書房）、『青線　売春の記憶を刻む旅』（集英社文庫）、『ネパールに生きる　揺れる王国の人びと』（新泉社）等がある。

花電車芸人《はなでんしゃげいにん》
色街《いろまち》を彩《いろど》った女《おんな》たち
八木澤高明《やぎさわたかあき》

2020年 3月 10日　初版発行
2024年 10月 20日　3版発行

◆◇◇

発行者　山下直久
発　行　株式会社KADOKAWA
〒102-8177　東京都千代田区富士見 2-13-3
電話　0570-002-301（ナビダイヤル）
装 丁 者　緒方修一（ラーフイン・ワークショップ）
ロゴデザイン　good design company
オビデザイン　Zapp!　白金正之
印 刷 所　株式会社KADOKAWA
製 本 所　株式会社KADOKAWA

角川新書
　ISBN978-4-04-082305-8 C0295

KADOKAWAの新書 好評既刊

本当のことを言ってはいけない
池田清彦

人生百年時代の罠、金の多寡と教育成果は比例しない、近い将来エリート層は国外逃亡する――「日本すごい」と馬鹿の一つ覚えみたいに騒ぐが、本当に「すごい」のは日本の凋落速度だ！ 人気生物学者が、世間にはびこるウソを見抜く。

徳川家臣団の系図
菊地浩之

徳川家康の近親と松平一族、三河譜代の家老たち、一般家臣、三河国衆、三河以外の出身者の順に、主要家臣の系図をていねいにひもとく。そこから浮かび上がる人間関係により、徳川家臣団の実態に迫る。家系図多数掲載。

座右の書『貞観政要』
中国古典に学ぶ「世界最高のリーダー論」
出口治明

稀代の読書家が、自らの座右の書をやさしく解説。『貞観政要』は中国史上最も国内が治まった「貞観」の時代に、ときの皇帝・太宗と臣下が行った政治の要諦をまとめた古典。徳川家康、明治天皇も愛読した、帝王学の「最高の教科書」。

病気は社会が引き起こす
インフルエンザ大流行のワケ
木村　知

なぜインフルエンザは毎年流行するのか。医師である著者は「風邪でも絶対に休めない」社会の空気が要因の一つだと考える。日本では社会保障費の削減政策が進み、健康自己責任論さえ叫ばれ始めた。医療、制度のあり方を考察する。

傀儡政権
日中戦争、対日協力政権史
広中一成

満洲事変以後、日本が中国占領地を統治するのに必要不可欠だった親日傀儡政権（中国語では偽政権）。その存在を抜きに日中戦争を語ることはできないが、満洲国以外は光が当たっていない。最新研究に基づく、知られざる傀儡政権史！

KADOKAWAの新書 好評既刊

豊臣家臣団の系図
菊地浩之

豊臣の家臣団を「武断派・文治派」の視点で考察。「武断派」は「小六《ころく》・二兵衛《にへえ》・七本槍」の3世代別に解説する。本流「文治派」についても詳説し、知られざる豊臣家臣団の実態に迫る。家系図を多数掲載。

ネットは社会を分断しない
田中辰雄
浜屋　敏

多くの罵詈雑言が飛び交い、生産的な議論を行うことは不可能に見えるインターネット。しかし、10万人規模の実証調査で判明したのは、世間の印象とは全く異なる結果であった。計量分析で迫る、インターネットと現代社会の実態。

実録・天皇記
大宅壮一

日本という国にとって、天皇および天皇制とはいかなるものなのか。戦後、評論界の鬼才とうたわれた大宅壮一が、「血と権力」という人類必然の構図から、膨大な資料をもとにその歴史と構造をルポルタージュする、唯一無二の天皇論！

現場のドラッカー
國貞克則

売上至上主義を掲げて20年間赤字に陥っていた会社が、ドラッカー経営学の実践と共にV字回復し、社員の士気も高まった。その事例をもとに、ドラッカー経営学の極意を説く。ドラッカーより直接教えを受けた著者がわかりやすく解説。

ウソつきの構造
法と道徳のあいだ
中島義道

これほどのウソがまかり通っているのに、なぜわれわれは子どもに「ウソをついてはならない」と教え続けるのか。この矛盾こそ、哲学者が引き受けるべき問題なのだ。哲学者の使命としてこの問題に取り組む。